프랑스 학교에는
교무실이 없다

프랑스 학교에는 교무실이 없다
조매꾸 꿈런쌤의 해외 파견 교사의 모든 것

초 판 1쇄 2024년 02월 28일

지은이 김병수
펴낸이 류종렬

펴낸곳 미다스북스
본부장 임종익
편집장 이다경
책임진행 김가영, 윤가희, 이예나, 안채원, 김요섭, 임인영, 권유정

등록 2001년 3월 21일 제2001-000040호
주소 서울시 마포구 양화로 133 서교타워 711호
전화 02) 322-7802~3
팩스 02) 6007-1845
블로그 http://blog.naver.com/midasbooks
전자주소 midasbooks@hanmail.net
페이스북 https://www.facebook.com/midasbooks425
인스타그램 https://www.instagram/midasbooks

ⓒ 김병수, 미다스북스 2024, *Printed in Korea.*

ISBN 979-11-6910-520-0 03370

값 19,000원

미다스북스는 다음세대에게 필요한 지혜와 교양을 생각합니다.

프랑스 학교에는
교무실이 없다

김병수 지음

조매꾸 꿈런쌤의 해외 파견 교사의 모든 것

미다스북스

나는 글로벌 교사가 되기로 했다

안녕하세요. 꿈꾸고 달리며 배우는 쌤(꿈런쌤), 조금씩 매일 꾸준히(조매꾸), '조매꾸'를 실천하는 '꿈런쌤'입니다. 건강한 마음과 건강한 신체의 조화 '지덕체로'를 추구합니다.

해외 파견 교사 경험은 제 교직 인생 최고의 선물이었습니다. 삶의 철학에 대해서, 다문화에 대해서 많은 것을 직접 보고 느꼈던 순간이었습니다.

철학으로 하루 걷기

저는 필리핀 학교와 프랑스 학교로 교사 해외 파견을 두 번 다녀왔습니다. 이 책은 외국 학교의 실제 모습을 궁금해하는 모든 분, 그리고 해외 파견 교사를 가고 싶은 교사분들에게 도움을 드리고자 만들었습니다. 제가 해외 파견 교사를 준비할 때 도움받을 곳이 마땅치 않아 많은 어려움을 겪었기 때문입니다.

또한, 해외 학교의 모습은 어떨까요? 외국 학생들의 모습, 외국 선생님들의 모습 등 해외 학교의 이야기를 전해드리고 싶었습니다. 특히 프랑스 교육의 경우, 실제로 한국 교사가 바라본 프랑스 교육의 있는 그대로의 모습을 전달해보고 싶었습니다. 다만 제가 근무했던 곳은 나라별 한 곳이기 때문에 일반화할 수 없다는 점, 그리고 프랑스는 2017년에서 2020년, 필리핀은 2014년 제가 근무했던 때의 시점으로 쓰였다는 사실을 이해해주시면 감사하겠습니다.

해외 파견 교사로 생활한 기간은 그동안 익숙함 속에서 잘 몰랐던 한국 교육이 지닌 장점들을 발견하는 소중한 시간이었습니다. 더불어 프랑스와 필리핀 교육이 한국 교육과 무엇이 다른지 느낄 수 있는 값진 기회였습니다.

책의 앞부분에서는 왜 해외 파견 교사에 도전했는지, 그리고 실제 해외 학교의 모습이 어떤지를 전해드리겠습니다. 뒷부분에서는 해외 파견 교사에 합격하기 위한 노하우를 알려드리겠습니다.

교사들이 해외 파견을 나가야 하는 이유는 무엇일까요? 다양성과 창의성은 과연 어디에서 나오는 것일까요? 교육의 질은 무엇이 결정할까요?

유연성 있고 개방적이며 융통성 있는 열린 교육, 시대 흐름에 맞는 교육을 하기 위해선, 나와 다른 타인의 목소리에 귀를 기울여야 합니다. 그러기 위해선 교사 역량을 글로벌화해야 합니다. 교사들이 글로벌 역량을 기를 수 있는 제도가 반드시 마련되어야 하는 이유입니다. 그리고 가장 중요한 것은 경험입니다. 가장 위대한 교육은 경험의 깨달음에서 나오는 실행력이기 때문입니다.

지금 여러분의 주변에는 누가 있나요? 여러분의 내일과 미래를 결정짓는 여러분의 옆에 있는 사람들, 그리고 여러분의 환경을 감싸고 있는 미디어들. 여러분은 일상의 그 어떤 것에 밀도를 높이고 집중하고 싶으신가요?

'나'답게 살기 위해서는 어떻게 해야 할까요? 매일 같은 직장의 사람들, 비슷한 환경 속에서 공통의 주제로 이야기하는 것보다 새로운 생각, 확장적 사고를 위한 나와 다른 삶을 살아가는 이들의 목소리에, 그들의 생활에 귀 기울여 보는 것은 어떨까요?

이를 위해 이 책에서는 우리와 다르게 살아가는 해외 학교의 이야기를 생생히 들려드리고자 합니다.

다문화 시대 속 세계시민으로, 글로벌 인재로 성장하기 위해서는 나를 제대로 인식하고 또 다른 문화를 자연스럽게 이해하려는 노력이 필요합니다.

국제적 소양을 갖춘 인재를 양성하는 것. 다문화의 본고장으로 직접 들어가고 그 상황에 맞게 최적화된 교수학습 방법을 상황에 맞게 구안해내는 것. 학습자가 처한 사회 문화적 맥락을 고려해 수업안을 구성하는 것. 다양한 문화와 함께할 때 세계시민으로 글로벌 인재로 성장할 수 있는 밑거름을 다질 수 있습니다.

아무쪼록 이 책이 우리와 다른 문화 속에 살아가는 학교의 현장을 좀 더 이해하고 또 해외 파견 교사를 준비하는 선생님들에게 도움이 되길 바랍니다.

그림 1 프랑스 학교 대사님 방문 공개수업

프랑스 학교에는 교무실이 없다

해외 파견 교사 도전 이유는?

선생님이 되었습니다. 꿈에도 그리던 원하는 직업을 얻게 되었습니다. 그런데 한국 학교에서 몇 년간 근무하다 보니 이상한 점들을 발견했습니다. 교사의 본질은, 교사의 꽃은 '수업'이라고 생각했습니다.

그런데 행정 업무에, 생활지도에, 주객이 전도되는 순간이 가끔, 아니 솔직히 말하자면 자주 발생했습니다. 문제를 아는 것과 푸는 것은 다르듯이 실제 교사가 되기 전 임용고시를 위한 준비 방법과 시험, 그리고 실제 교사 생활은 너무나 많이 달랐습니다.

출석부 정리하는 법부터 생활지도, 학교폭력, 공문서 처리, 각종 업무 분장들, 이런 것들은 교사가 되기 전 전혀 준비하지 못한 것들이었습니다. 처음 부임 받은 곳은 월말고사가 있어서 월마다 시험을 봤습니다. 성적처리업무를 맡았던 저는 매달 OMR 카드 리딩을 하며 바쁜 하루하루를 보냈었습니다.

그럼에도 불구하고 초반 몇 해는 그토록 원했던 교사를 하게 되었다는 감사한 마음에 교직 생활을 행복하게 해나갔습니다. 주변에서도 다들 비슷하게 살아가는 모습을 보았습니다. 주어진 일에 근면 성실하게 열심히 살고 있었습니다. '삶의 철학'을 생각할 여유는 없었습니다.

열심히는 사는데, 삶의 철학이 없다면 어떻게 될까요? 기찻길의 종착지가 어디인지 모르고 매일 근면 성실하게만 살아가고 있다면, 어쩌면 인생 뒤편에서 '후회'라는 단어가, '아쉬움'이란 단어가 따라올지 모릅니다. 아마도 비단 교사라는 직업뿐만이 아니라 다른 직종도 이런 경우가 많을 거라 생각합니다. 어쩌면 대부분의 직업이 그런지도 모르겠습니다.

반복되는 하루하루들 속에서, 그리고 교사의 주된 역할에 부합되지 않다고 생각되는 일들, 예를 들면 수업을 교환하는 수업계 업무 등의 행정 업무들을 하면서, 수업과 행정 일의 주객이 전도되는 안타까운 현실에 대해 생각하기 시작했습니다. 어떤 교사가 좋은 교사인지, 어떻게 학교 생활을 해나가야 바람직한 건지 제 삶을 성찰하기 시작했습니다.

삶을 성찰하며 사는 일은 어쩌면
'나' 자신에게 줄 수 있는 가장 따뜻한 선물입니다

교육의 본질, '수업'에 가장 큰 힘을 쏟아야 하는데 담임 업무 및 각종 여러 업무들로 인해 수업은 밀려나고 다른 일들이 더 중요한 일로 다가 왔던 적이 많았습니다. 물론 수업을 잘하기 위해 '아, 수업 PD가 되어봐 야겠구나' 하는 마음으로 다양한 형태의 수업 디자인을 해본 적도 많았습니다. 더 나은 수업, 더 즐거운 수업을 위해 고군분투했었던 것도 사실입니다. 아마 전국의 선생님들이 그러할 겁니다.

수업도 수업이지만 그밖에 주어진 업무도 최선을 다했습니다. 가장 기억에 남는 건 학교 축구 스포츠 클럽을 지도한 일입니다. 아이들은 너무도 순수했고 열정이 있었습니다. 한 아이가 축구 클럽 이름을 만들어왔습니다. 'KFC(김병수 축구 클럽)'. 아이들은 한 번도 대회에 나가서 승리해보지 못해 안타까웠습니다. 이 순수한 아이들과 함께 최선을 다했습니다.

축구 일지를 쓰고 촬영하고 이전 우승팀과도 대결해보고, 점심시간과 방과 후 시간까지 정말 열심히 연습했습니다. 아이들에게 축구 대회는

월드컵과도 같았으니까요. 처음에는 7:0이란 점수로 졌지만, 아이들과 함께 매일 매일 연습해서 한마음 한뜻으로 뭉치니 결국 시 대회 우승, 나아가 경기도대회 우승까지 하고 경기도 대표로 전국대회까지 나가게 되었습니다. 이런 감동 있고 보람 있었던 일도 물론 있었습니다.

그림 2 KFC 축구스포츠클럽 도대회 우승

한국에서의 교사는 단지 수업만 하는 것이 아닌 동아리 활동, 스포츠 클럽 활동 등 수많은 업무를 해야 했습니다. 교사가 되기 전에는 몰랐던 것들이었습니다. 열심히 주어진 일을 했지만, 그럼에도 교사의 본질은 '수업'이라 생각합니다. 업무와 생활지도도 중요하지만, 수업을 잘 해냈다고 느낄 때, 학생들과 서로 호흡이 맞는 수업을 끝냈을 때 가장 뿌듯함을 느꼈습니다. 대다수 선생님들이 학습자를 만족시키며 교사의 수업 목표를 제대로 구현하기 위해 노력하고 있는 모습들을 보았습니다.

이런 와중에 처음으로 '교사의 꿈'에 대해 생각해 보게 된 계기가 있습니다. 새 학기가 되어 새로운 학생들을 만나면 학생들에게 항상 물어봅니다. "너의 꿈은 뭐니?" 언제나 물어보는 입장이었습니다. 그런데, 한 학생이 저에게 묻더군요. "선생님은 꿈이 뭐예요?" 학생들에게만 묻던 질문을 저 자신에게 해봤습니다. 교사가 된 이후, 저의 꿈은 무엇인지 진지하게 고민해 보게 되더군요.

그리고 선배님들의 퇴직 과정을 지켜보며 어떤 교사가 될 것인지, 저 스스로 물어보기 시작했습니다. 그러면서 교사라는 직을 유지한 채 내가 할 수 있는 일에, 내가 원하는 일에 전념할 수 있는 것은 무엇인지 찾아보게 되었습니다.

삶의 틀을 전환하고 싶었던 그때, 매일 똑같이 반복되는 하루를 살기 싫었던 그때, '내가 가진 이 순수한 열정을 어디에 쏟아야 할까?' 하고 싶은 일, 의미 있는 일에 쏟고 싶다고 생각하던 그때, 고민하던 바로 그 찰나에 교직을 유지하면서 할 수 있는 일을 찾아보다 거기서 찾은 게 바로 해외 파견 교사 제도였습니다.

다른 나라의 상황은 어떨까? 해외 학교의 선생님들과 학생들은 어떻게 살아갈까? 직접 경험하고 싶었습니다. 그동안 꽁꽁 갇혀있던 꿈샘이 저 밑 언저리에서 폭발하듯 샘솟았습니다.

당시 제가 근무했던 곳은 농어촌 지역이었는데, 승진을 준비하시는 분들이 많이 있던 지역이었습니다. 주변에서 해외 파견에 대해 조언을 듣고 싶었지만 실제로 해외 파견을 다녀왔던 분은 단 한 분도 없었습니다. 그럼에도 불구하고 저는 해외 파견에 도전해보기로 마음먹었습니다.

여러분은 안정을 추구하시나요? 변화를 추구하시나요? 저는 언제나 새로운 도전을, 가지 않은 길을, 무에서 유를 만들어보는 것을 좋아했습니다. 교직에 들어와서 잠시 잊었던 저라는 '자아'를 그렇게 살포시 꺼내게 되었습니다.

  한 치 앞도 모르는 인생,

  설레는 하루를 살아보자.

  내일이 기대되는 하루를 살고 싶다.

  한 번뿐인 인생, 보다 '나'답게 살기 위한 도전.

  부모로 자녀들에게 무엇을 해줄 수 있을까.

  돈으로 살 수 없는 경험의 가치, 내 자녀에게 무한한 경험을 주고 싶다.

  자녀들에게 더 넓은 세상을 보여주기 위해.

  경험이 가장 큰 교육이며 교사의 경험은 고스란히 학생들에게 전달될 것이다.

  사고의 틀 확장, 교사 글로벌 역량 강화. 나는 글로벌 교사가 되기로 했다.

  "꿈이 당신을 춤추게 하라."

  교사인 저 자신부터 교사라는 직업에 안주하는 게 아닌, 학생들에게 새로운 꿈을 향해 성장하고 달려가는 모습을 몸소 보여주고 싶었습니다. 학생들에게 꿈꾸라고만 하는 교사가 아닌, 저 스스로 '꿈차'에 몸을 싣고 꿈을 위해 행진하는 모습을 함께 나누고 싶었습니다.

졸업 후에 제자를 만났을 때 조금씩 성장한 모습을 아이들에게도 보여주고 싶었습니다. 조금씩 함께 성장하기, 항상 제가 맡은 반의 급훈은 '꿈이 있어 빛나는 오늘'이었고 교실 뒤편에는 언제나 '꿈이 그대를 춤추게 하라.' 그리고 '오랫동안 꿈을 그리는 사람은 마침내 그 꿈을 닮아간다.' 라는 앙드레 말로의 글귀가 적혀 있었습니다. 학생들에게만 꿈을 꾸라고 이야기하는 어른이 아닌, 직접 실천하며 함께 선한 영향력을 주고받는 그런 사제지간이 되고 싶었습니다.

그렇게 저의 도전은 시작됐습니다. 목표를 설정하고 도전하는 것을 좋아하는 저는 바로 교사 해외 파견 시험을 준비하기 시작했습니다. 목표가 생기니 삶이 즐거워지더군요. 전과 같은 일을 하면서도 새로운 일에 대한 희망으로 아침이 즐거워졌습니다. 매일 아침 일찍 도서관에서 영어 공부를 했던 그때 분명, 희망으로 물든 아침이 있었습니다. 그리고 호기심이 많은 저는 점점 더 궁금해지기 시작했습니다.

'나와 같은 나이의 사람들은 어떤 생각을 가지고 어떻게 살아갈까?'

'다른 나라의 선생님들과 학생들, 부모님들은 어떻게 살아갈까?'

'여행과 사는 것은 완전히 다르다.'

그동안 여행으로만 힐끗힐끗 봤던 그들의 삶 속으로 풍덩 뛰어들고 싶었습니다. 해외에 있는 아이들을 가르칠 생각을 하니 벅찬 설렘이 두둥실 마음속에 떠다니기 시작했습니다.

결국, 도전 끝에 다문화 지원 대상 국가와의 파견 시험에 합격, 필리핀으로 단기 파견을 갔다 올 수 있었습니다. 그런데 한 번 파견을 갔다 오니 소위 말하는 교육 선진국이라 불리는 아이들의 삶이 궁금해졌습니다. 그곳 선생님들의 생활이 궁금해졌습니다.

즐거운 마음으로, 행복한 열정의 기운으로 파견 시험을 준비했고 운이 좋게 프랑스 해외 파견 시험에 합격할 수 있었습니다.

그렇게 가족들과 온전히 시간을 보내며 똘똘 뭉치고, 아이들에게 다양한 경험도 시켜주고, 또 더 넓은 세계를 몸과 맘으로 받아들였던 해외 파견 교사 생활은 지금 생각해도 정말 소중한 시간이었습니다.

물론 힘든 점이 한둘이 아니었습니다. 전혀 예상하지 못했던 힘듦이 우수수 쏟아져 내렸습니다. 하지만 가지 않은 길로 접어들 때 그만한 각오는 이미 했었습니다. 주변에서 선생님들이 해외 파견 교사를 준비할 때 '너무 힘들 텐데 괜찮겠냐.', 또는 '어떻게 말도 잘 안 통하는 나라를 가려고 하냐, 두렵지 않으냐.'라고 물어보신 분도 계셨지만, 그때 저는 설렘으로 가득 찬 하루를 살고 있었습니다.

같은 길이 아닌 새로운 길을 가보며 직접 길을 만들어가는 그런 재미를 느껴보고 싶었습니다. 힘든 기억도 돌이켜보면 아름다운 그리움으로 남게 되는 법. 이제 해외 학교에서 경험했던 일들을 꺼내 보려고 합니다.

그림 3 언제나 에펠탑을 바라보는 한 남자

차 례

프롤로그　004

1장 프랑스 교육 소개

1　행정 업무가 없는 프랑스 교사　　　　　　　　027

2　자유와 평등의 나라?　　　　　　　　　　　　038

3　프랑스 학교에는 교무실이 없다　　　　　　　054

4　프랑스 시험 만점은 20점 방학은 5번　　　　061

5　카멜레온처럼 변신해라, 해외 파견 교사!　　067

6　프랑스의 자기주도학습 뿌리는 어디에서 나올까?　069

7　성적 사정안을 반별로 한다고?　　　　　　　074

8　온 가족이 총출동하는 학교 방문의 날　　　　076

9　프랑스 호랑이 선생님　　　　　　　　　　　078

2장 꿈런쌤이 직접 겪은 프랑스 문화 소개

1　어디서 감히 외모 평가야?　　　　　　　　　087

2　싸데뼹이 뭔가요?　　　　　　　　　　　　　089

3　차가운 개인주의 속 살아남는 방법은?　　　　092

4　프랑스에서 실제 K-POP의 인기는?　　　　　100

5　프랑스에서 살려면 프랑스어는 필수일까?　　103

6　살면서 경험한 프랑스 문화 56가지　　　　　106

3장 해외 파견 교사 준비 방법 A to Z

1 파견과 초빙의 차이는?   140

2 해외 파견 교사, 목표 설정부터 확실히 하자   147

3 단기 해외 파견 교사 준비 방법 10가지   151

4 장기 해외 파견 교사 준비 방법 20가지   155

5 해외 파견국가 선택 시 고려할 점 15가지   157

6 해외 파견 학교 목록 선발 인원 및 국가 정리   164

7 해외 파견 학교 우대조건 정리   169

8 초빙 및 해외 파견 교사 면접 예상 질문 184문제   173

9 해외 파견 교사 준비 방법 A to Z   191

부록 필리핀 교육의 실상 〈단기 파견〉

1 전교생이 만삼천 명이라고?   195

2 택시 강도를 만나다   205

3 교복을 입는 필리핀 선생님   214

에필로그 225

1장

프랑스 교육 소개

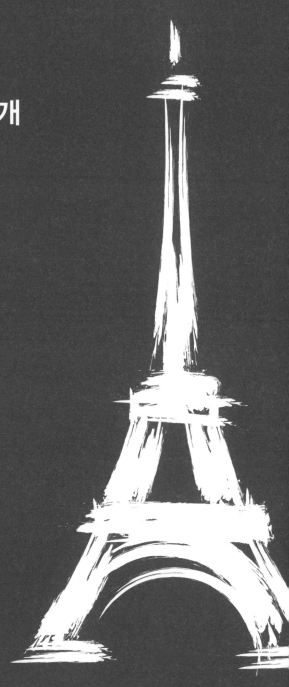

필리핀 파견을 갔다 온 후 선진국이 궁금했습니다. 소위 말하는 교육 선진국에서는 과연 어떻게 학생들이 수업받으며 교사들의 근무 환경은 어떨까? 필리핀에서 너무나도 다른 교육 문화를 접했기에 그 호기심은 더욱더 커졌습니다. 결국, 도전 끝에 프랑스 해외 파견 교사에 합격할 수 있었습니다.

2016년 프랑스 정부와 한–불 교육 협력 약정을 체결하여 상대국 언어 교육 활성화를 위해 프랑스에 국제 섹션 개설을 합의하게 되었습니다. 현지 프랑스 학교에서 국제 섹션 교과수업, 방과 후 한국어 수업 및 국제 섹션 교육과정을 검토할 교사 파견이 있었는데, 저는 바로 여기에 선발되었습니다.

제가 지원한 해당 과목은 전국에서 1명만 뽑는 과목이었지만 열정의 도전으로 행운의 여신은 제 손을 들어줬습니다. 그렇게 3년간 근무하면서 느꼈던 프랑스는 충격과 충격의 연속이었습니다. 이제 그 판도라의 상자를 열어볼까 합니다.

그리고 저는 프랑스의 교육을 일방적으로 찬양하거나 또는 반대하거나 하는 쪽과는 거리가 멉니다. 제가 실제로 근무하면서 느낀 감정을 있는 그대로 솔직하게 적어봤다는 걸 참고해주시면 감사하겠습니다. 물론 제 경험이 프랑스 교육을 일반화할 수는 없습니다. 제가 근무한 곳은 '프랑스 공립 국제 중학교' 한 곳뿐이었으니까요. 단, 한국 현직 교사가 프랑스 공립 학교에 근무했던 사례를 쉽게 찾아보기 힘들기 때문에, 한국 현직 교사의 눈으로 바라본 프랑스 학교 이야기가 도움이 될 거라 생각해서 이 책을 쓰게 되었다는 걸 참고해서 들어주셨으면 합니다.

| 1 |

행정 업무가 없는 프랑스 교사

업무 분장이 없는 학교는 어떨까요? 프랑스에서 가장 좋았던 점 중 하나는 바로 학교폭력센터가 따로 있었다는 것입니다. 엄밀히 말하면 학교폭력센터가 아니라 생활지도를 하시는 분들이 근무하시는 건물입니다. 한국에서 학교폭력 업무를 하면서 감정노동을 많이 했기에 이런 제도가 너무나도 신기하면서도 부러웠던 게 사실입니다. 해마다 한국학교에서 가장 긴장되는 순간이 있습니다. 바로 업무 분장 시즌이죠. 안타깝게도 이 기간에 업무 분장으로 인해 상처 받고 눈시울을 붉힌 일들도 많이 보았습니다. 그런데 프랑스는 그런 일이 없었습니다.

일단 학교 건물이 있고 학교에 또 다른 건물이 하나 있었는데 그곳에는 생활지도하시는 분들이 계셨습니다. 이분들은 쉬는 시간, 점심시간, 노란 조끼를 입으시고 생활지도를 하셨습니다. CPE라고 불리는 분들,

이분들이 바로 생활지도 보조교사였습니다. 이분들은 정규 수업을 하지 않고 생활지도, 상담, 자습 등을 전담했습니다. 우리나라식으로 말하자면 생활지도부장 격인 CPE(Conseiller principal d'éducation)와 그 밑에 생활지도 보조교사들이 있었던 것입니다.

만약 수업 때 어떤 학생이 교육적 지시를 따르지 않는다면, 프랑스 학생들이 항상 가지고 다니는 수첩, 일명 '캬흐넷(Carnet)'(프랑스 학생들은 항상 자신만의 수첩을 가지고 다녀야 했습니다.)이라고 하는 그 수첩에 내용을 적게 됩니다. 그러면 생활지도하시는 분이 계시는 곳으로 학생이 가게 됩니다. 이후, 수첩의 내용을 토대로 생활지도를 담당하시는 분들이 직접 학생을 지도하셨습니다. 가끔 수업하다가 지나치게 떠드는 학생에게 캬흐넷 수첩을 가지고 오라고 하면, 갑자기 한 번만 봐주면 안 되냐고 앞으로 잘하겠다고 하는 학생들을 여럿 봤습니다.

프랑스는 엄격합니다

학생들은 등교할 때, 그리고 하교할 때도 이 수첩을 통해서 수업 시간표를 확인받은 후에야 등하교를 할 수 있었습니다.

캬흐넷이라고 하는 이 수첩에는 개인 수업 시간표, 지각과 조퇴, 상담 또는 처벌 등을 기록할 수 있었습니다. 저는 공립 국제 중학교에서 근무했는데, 제가 근무한 중학교의 경우, 교과교실제였습니다. 교과교실제는 학생들이 수업 때마다 교실을 계속 이동해야 하는 제도입니다. 한국의 대학교 수업을 생각하시면 됩니다. 한국처럼 아이들이 학급 교실에 상주하는 경우는 없었습니다. 공강 시간에는 도서실에 있거나 공강 시간이 길면 집에 갔다 올 수도 있었습니다.

또 한국처럼 매번 담임 선생님에게 찾아가 조퇴, 지각 또는 집에 잠시 갔다 오는 등의 외출을 확인받는 일은 전혀 없었습니다. 한국에서 담임 선생님들이 매번 해야 하는 출결 정리, 그리고 학생이 오지 않으면 바로 전화하는 등의 이런 일은 없었습니다. 아까 말씀드린 생활 보조교사들이 있던 그 건물에서 모든 게 이루어지고 있었습니다.

교무실이 없고 출퇴근이 자유로운 프랑스였기에 담임 선생님을 학교에서 쉬는 시간마다 만나는 일은 쉽지 않았습니다. 한국의 경우, 한 번 등교하면 학교 밖을 나가기 어려운데, 프랑스는 그게 아니었습니다. 학부모님의 경우 이 꺄흐넷 수첩으로 자녀의 생활 태도나 수업 태도 등도 확인할 수가 있었습니다. 한국처럼 매일 학급에 가서 조회, 종례하는 시스템도 없었고 학교마다 다르셌지만, 2주에 한 번 정도 학급회의 'Vie de classe'가 있었습니다.

그리고 중학교 때도 2시간 블록 타임 수업이 굉장히 많았습니다. 신기한 게 쉬는 시간의 길이가 교시마다 각각 달랐습니다. 예를 들어 1교시 쉬는 시간은 5분, 다음 쉬는 시간은 15분. 이런 식으로 시간이 다르다는 점도 한국과 달랐습니다. 2교시가 끝나면 제가 근무했던 학교의 경우, 선생님이 다과실에 모여 커피 타임을 가지며 이야기를 나누셨습니다.

어찌 됐건 한국에서 담임 선생님들과 학교폭력 담당 선생님들이 정말 힘겹게 하시는 일들을 프랑스에선 다르게 하고 있었습니다. 한국에서는 학급 및 학년에서 생활지도 사안이 발생할 경우, 교사는 온종일 거기에 집중해야 했습니다. 물론 그 안에 담임 업무와 본인이 맡은 업무, 수업을 병행하면서 말입니다. 그런데 프랑스는 그게 아니었습니다. 프랑스에서는 교사의 핵심 업무가 '수업'이라는 인식이 사회 전반에 깔려 있었습니다.

프랑스는 교사가 행정 업무가 아닌 가르치는 일에 집중합니다
그런데 그럼에도 불구하고 프랑스 교사의 경우, 프랑스의 법제화 되어 있는 주 35시간 이상을 노동한다는 것에서 문제 제기하는 것을 목격했습니다. 수업 시간과 수업 준비시간, 동료 교사와의 협업 등의 시간을 합하면 35시간이 넘는다는 거였습니다.

한국 교사의 시간은 과연 어떻게 될까요? 프랑스 교사가 하는 것은 기본이고, 여기에 자신이 맡은 업무가 추가되고 또 스포츠와 예술 체육, 동아리 등 본인 전공 교과 이외의 것들까지 해내야 합니다. 이 모든 것이 추가되면 프랑스 교사의 근무시간과는 많은 차이가 있을 것입니다.

한국의 선생님들이 항상 업무 분장 시기에 민감하고 스트레스를 많이 받는다는 것은 사실입니다. 가르치는 것보다 새해에는 어떤 업무를 또 맡게 될까 걱정하는 것도 사실입니다. 그런데 여기서 중요한 점은 프랑스의 경우 교원 노조가 강력히 주 35시간 이상 노동한다는 것에 대해 문제 제기하고 있다는 거였습니다. 한국에서는 이런 일이 가능할까요?

교사에게 가장 중요한 수업에 집중하게 만드는 프랑스의 정책이 부러웠던 것도 사실입니다. 그리고 프랑스에서 근무를 해 보니 한국의 선생님들이 정말 대단하단 생각이 들었습니다. '어떻게 수업을 하면 학생들과 상호 작용을 잘 할 수 있을까, 어떻게 하면 더욱더 질 높은 수업을 할 수 있을까.' 수업에 대한 고민은 물론이고 최신 교육 트렌드 연수 수강, 업무의 정확성과 효율적인 처리 방법, 조금 더 나은 교직 문화를 만들기 위해 밤낮없이 노력하고 있다는 것을 알기 때문입니다.

제가 교직에 들어오고 처음 느꼈던 사실은 '한국에서 교사는 멀티플레이어가 되어야겠구나.'라는 생각이었습니다. 생각지도 못한 스포츠 수업을 하게 되고, 생각지도 못한 축제 기획 및 행사 기획을 해야 하고, 방송일부터 시작해서 교사에게 요구되는 수많은 업무를 하면서 그런 생각을 했고 또 그렇게 되기 위해 열심히 노력했던 것도 사실입니다. 그리고 그것들은 프랑스에 오기 전에는 정말 아주 당연하게 생각되던 일들이었습니다.

교육 문화가 다르고 처한 역사적 상황과 문화적 상황도 다르기에 일방적으로 무엇이 좋다고 말할 순 없지만 한 가지 확실한 생각은, 제가 만나고 경험했던 한국의 선생님들은 정말 치열하게 하루하루를 살고 있다는 겁니다. 하지만 때론 그 치열함의 중심이 '수업'에 대한 연구가 아닌, 다른 것이기도 했습니다. 다른 일에 치이고 치여, 수업이 뒤로 점점 밀리는 현상도 보았습니다.

그림 4 프랑스 학교

한국 중학교 선생님의 근무 패턴은 어떻게 될까요? 보통 출근하고 메신저를 열어서 업무 메신저 등 알림 사항을 확인한 후 일 처리를 합니다.

그리고 소회를 위해 학급에 들어가 공지 사항을 전달하고 출결 체크, 여기서 사전 연락이 없이 결석한 친구를 발견하면 그 즉시 해당 학부모와 학생에게 전화를 합니다. 또 학생들에게 나누어준 유인물 중 수합할 게 있으면 그걸 걷습니다. 그리고 짧은 시간이 지난 후, 1교시 수업에 들어갑니다.

대부분의 한국 선생님들 아침 루틴에는 이렇게 빠르게 다양한 일들이 포함돼 있습니다. 그리고 쉬는 시간, 점심시간에는 학생들과 상담 및 크고 작은 사건 사고 일을 처리하게 됩니다. 심지어 방과 후까지 업무 시간 이외에 학생 또는 학부모 상담이나 기타 업무를 하는 경우도 많이 있죠. 코로나 이후로는 대부분의 학교에서 단체 톡방으로 업무의 알림 및 업무의 연장 선상이 이어지고 있습니다. 하지만 프랑스는 전혀 그런 모습이 아니었습니다.

그림 5 프랑스 학교 교사 출입문

그림 6 프랑스 학교 교사 출입문

교사는 수업에 집중했습니다

솔직히 교사의 가장 본질적인 '수업'에 집중하게 만드는 이러한 환경이 참으로 부러웠습니다. 교사가 각 교과 시간마다 출결을 부르며 컴퓨터에 접속해 출결을 표시하는 시스템이 있었지만, 결석 서류를 담임 선생님께 내는 것이 아니라, 아까 말한 센터에 제출하는 시스템이었습니다. 모든 것이 충격과 충격의 연속이었습니다. 프랑스에서 교사가 수업에 집중할 수 있었던 이유는 행정 업무가 없기 때문입니다.

업무 분장이 없는 세상은 어떨까요?

다행히 최근 한국도 조금씩 긍정적인 변화가 일어나고 있습니다. 학교폭력이 발생하면 교사 대신 퇴직한 경찰이나 교원 등으로 구성된 '학교폭력 전담 조사관'이 투입되고 학교폭력 예방지원센터도 운영하는 것으로 보도가 나오고 있습니다. 다만 학교폭력 조사관이 학교에 근무하는 게 아니기 때문에 실제로 교원의 업무를 경감시킬 수 있을지는 두고 봐야 합니다. 한국도 교사가 수업에 보다 더 집중할 수 있는 교육 문화가 자리 잡기를 희망합니다.

학교폭력 전담경찰관 제도가 2012년 도입되었지만, 실제 학교 현장 선생님들의 설문 조사 결과 학교폭력 관련 도움을 받은 적이 있냐는 설문에 90% 이상이 도움받은 적 없다고 응답한 사례도 있습니다.

　어떤 정책이든 시행착오가 있겠지만 현장의 목소리에 귀 기울이고 학교 현장에 대한 충분한 인식을 바탕으로 정책이 세워져야 합니다. 그렇게 교사들이 수업에 집중할 수 있는 실효성 있는 정책이 만들어지고, 이를 통해 건강한 교육 문화가 자리 잡기를 희망합니다.

그림 7 프랑스 학교 교실

2

자유와 평등의 나라?

프랑스는 학생과 교사가 '인간 대 인간'으로 만나는구나 하는 장면을 많은 곳에서 목격할 수 있었습니다. 인격체 vs 인격체, 평등에 대해서 다시 한번 생각해 볼 수 있었습니다. 프랑스에 살면서 한국에서는 크게 생각해 보지 않았던 인간의 '자유'와 '평등'에 대해서 진지하게 생각해 볼 수 있었습니다. 철학에 대해서 한국에서는 크게 고민하거나 질문하지 않았던 게 사실입니다.

삶의 태도에 대해서, 진지하게 생각하지 않고 앞을 향해 달려갔던, 그렇게 하루하루를 켜켜이 쌓아갔던 것도 사실이었습니다. 하지만 프랑스에서 너무도 다른 환경을 보니 이전까지 당연하게, 아무렇지 않았던 생활들에 대해 질문하기 시작했습니다. 가장 기본적인 단어의 의미부터 자세히 들여다보게 되었습니다.

'자유' 그리고 '평등', '인간다움', 이런 것들에 대해서 말입니다.

철학으로 하루 걷기

가장 충격받았던 장면은 집 근처 고등학교 교문 밖에서 선생님과 학생이 맞담배를 피우는 모습이었습니다. 우리나라에서는 상상도 못 할 일이었죠. 나중에 동료 선생님에게 물어보니 학교 안에서만 안 피우면 된다고 하더군요. 가르치는 사람과 배우는 사람이지만 교사와 학생이 서로 토론합니다. 상호 존중하면서 말이죠. 교사와 학생은 인격체 대 인격체로 동등하게 만나고 있었습니다.

제가 속한 조기 축구팀의 경우, 고3 학생들도 있었습니다. 만약 경기가 끝나고 회식을 하게 될 경우, 우리나라 정서로는 경제 생활하는 성인분들이 학생에게 회식비를 감면시켜주거나 또는 직접 사줄 법도 한데, 그런 게 전혀 없더군요. 이것도 상호 존중일까요? 어찌 됐건 이런 부분에서도 엄격하게 생활 속에서 적용하는 걸 목격할 수 있었습니다. 선생님과 학생들 간의 끈끈한 정도 찾아볼 수 없었습니다.

제가 해외 파견 교사를 할 시절, 한국에서 KFC 축구 스포츠 클럽을 함께 했던 저의 중학교 제자 2명이 대학생이 되어 찾아왔습니다. 두 학생이 군대에 가기 전 유럽 여행을 왔다고 해서 우리 집에 며칠 머무른 적이 있었습니다. 프랑스의 문화로서는 이해하기 힘든 문화입니다.

한국과 프랑스의 문화는 이렇게 많이 달랐습니다. 제가 한국 학교로 복귀한 후 한국에 돌아왔을 때 학생들과 만난 지 백일이 되었다고 백일 떡을 맞춰서 준 적이 있습니다. 학생들도 선생님들 생일 파티를 해주기도 합니다. 이런 이벤트들은 프랑스에서 찾기 힘들었습니다. 단, 제가 근무했던 학교가 프랑스 공립 국제학교 한 곳이기에 일반화하기엔 어렵다는 점을 다시 한번 말씀드립니다.

물론 한국도 선생님과 학생들, 학부모의 관계가 예전과는 달리 점차 거리가 멀어지고 있습니다. 예전에는 선생님들의 일상과 학생들의 일상을 자연스럽게 공유하고 많은 것을 나누었지만 점점 거리를 두고 서로 경계를 긋습니다. 왜 이렇게 된 걸까요?

서로가 서로를 조심하는 문화가 생기게 되었기 때문입니다. 물론, 그럼에도 불구하고 학교 안에서 선생님들과 학생들은 아직도 참 친근합니다. 하지만 한국 학교처럼 학생들과 친근하게 지내는 이런 모습은 프랑스 학교에서는 전혀 찾아볼 수 없었습니다.

저는 프랑스에 가기 전, 프랑스는 대학 평준화로 평등한 나라인 줄 알았습니다. 하지만 그게 아니었습니다. 프랑스에는 그랑제콜이란 엘리트 학교가 있었습니다. 다만 한국과 다른 점은 그랑제콜을 준비하는 학생들은 정말 극소수였다는 겁니다. 물론 경제력과 기타 여러 가지 이유가 있겠지만 대부분 학생은 일반 바칼로레아를 봤고, 소수가 그랑제콜에 입학하기 위한 준비 과정인 프레빠 과정을 거쳐 그랑제콜에 입학했습니다.

프랑스는 대학 서열화가 없을까요? 프랑스 사회의 정치, 경제, 사회를 그랑제콜에 나온 사람들이 대부분 차지하고 있다는 것을 목격할 수 있었습니다. 한국과 프랑스가 다른 점은 한국의 경우 대부분 학생, 학부모가 소위 사회적으로 유명한 공통된 대학에 가길 원한다면 프랑스는 그런 분위기가 아니라는 점이었습니다. 대부분의 경우, 굳이 파리에 가려고 하지 않고 지역에 있는 대학 또는 본인이 전공하려는 학과가 유명한 타지역의 대학을 원하는 경우가 많았습니다.

정말 놀랐던 게 한국에서 정말 들어가기 어려운 의대의 경우, 한국에서는 입학하면 학업 성적이 높은 학생으로 인정합니다. 하지만 프랑스에서는 단지 의대에 입학했다고 해서 그 학생이 굉장히 학업 성적이 높다고 인정하지 않았습니다. 왜냐하면 의대 1~2학년 때, 다음 학년으로 진급하기 쉽지 않다는 걸 알고 있었기 때문입니다.

고3인데도 저와 함께 조기 축구회를 함께했던 프랑스 학생들이 있었습니다. 이 학생들은 고3인데도 축구를 즐겼는데, 물어보니 대학에 가면 이렇게 축구를 즐기기 힘들 수 있다는 겁니다. 왜냐하면 대학 때 진짜 공부를 시작해야 했으니까요. 고3인데도 K-POP 댄스 그룹에 들어가서 열심히 춤을 추던 프랑스 학생들의 모습이 참 낯설었습니다. 한국의 고3 분위기와는 분명 달랐습니다. 그것뿐만이 아닙니다. 프랑스에서는 사람들이 대학 입시 또 부동산과 주식에 관해서 이야기하는 것을 거의 본 적이 없습니다. 이게 또 한국과 다른 문화였습니다.

프랑스 학업으로는 한국과 달리 큰 스트레스를 받지 않는 다수의 경우와, 경쟁이 상상을 초월하는 그랑제콜이 있다고 말할 수 있습니다. 사실 제일 충격받았던 점은 프랑스 중학교에서 구구단 테스트하는 것을 목격한 일이었습니다. 학원도 없는 프랑스에서 선행학습의 열풍은 찾기 힘들었죠. 다만 프랑스 노벨상과 수학 부문 노벨상인 필즈상 대부분의 수상자가 일반 대학이 아닌 그랑제콜 출신이라는 이야기를 들었습니다.

그리고 프랑스에는 국제 섹션이란 특별한 제도가 있습니다. 뒤에서도 자세히 말하겠지만 국제 섹션을 수료하면 명문 상급학교 진학 시 유리할 수 있습니다. 국제 섹션이라고 하는 것은 프랑스 정규 교육 시스템 내에서 국제적 언어문화 역량을 갖춘 인재를 양성하는 이중언어, 이중문화 교육과정입니다.

보통 지원자에 대한 서류 심사와 언어 능력을 테스트할 때, 심사를 통한 선발제로 이루어집니다. 국제 섹션 입학 허가를 받으려면 등록 신청 서류를 해당 학교에 제출하고 구두 및 필기시험을 통과해야 합니다. 이후, 심사위원회의 서류 심사와 시험 결과에 따라 입학 여부가 결정됩니다.

한국어 국제 섹션의 경우, 한국 문학과 수학을 선택했는데, 이것을 선택하고 합격한 학생들은 일반 교과 시간 + 6시간의 국제 섹션 수업을 더 들어야 합니다. 하지만 국제 섹션 수료 학생의 경우, 학생의 언어문화 역량을 인정받아 상급학교 진학 시 혜택을 받을 수 있습니다. 국제 섹션은 이중 언어 교육을 무료로 학습할 수 있는 무상교육입니다.

국제 섹션 설치 학교는 영어, 독일어, 스페인어, 중국어 등 다양한 섹션이 개설되어 있는 국제학교적 성격을 가집니다. 또 프랑스 교육부는 국제 섹션 도입 학교를 선발하는 데 있어서도 엄격한 평가 기준을 도입하고 있습니다. 하지만 국제 섹션 역시 특정 누군가에게 혜택을 주는 건 아닙니다. 다른 나라의 언어와 문화를 공부할 의지가 있는 학생들은 국제 섹션 시험을 준비해서 시험을 보면 되는 겁니다.

프랑스에선 이중 국적 또 부모님의 국적이 다른 경우가 많아서 자녀들이 이미 몇 개 국어를 사용하는 경우도 볼 수 있었습니다. 그런 학생들 같은 경우 국제 섹션 제도가 글로벌 인재로 성장하는 데 큰 도움이 될 수 있을 거라 생각합니다. 더불어 어느 한 나라의 문화와 언어, 역사를 깊숙이 공부하고 싶은 의지가 있는 학생이라면, 어려서부터 그런 학생들에게도 큰 도움이 될 거라 생각합니다. 초등, 중등, 고등까지 국제 섹션이 있으니까요.

그림 8 국제 섹션 교사들

프랑스의 자유, 평등, 박애, 3대 정신, 프랑스에 와서 '평등'이란 개념에 대해서도 다시 한번 생각해 보게 되었습니다. 학교 관리자라고 할 수 있는 교장, 교감 선생님이 절대 높은 사람이 아니었습니다. 근무하는 분들의 구조가 수직적 구조가 아닌 수평적 구조였습니다.

모두가 단지 동료일 뿐이었으며 인간 대 인간으로 만나는 것이었습니다. 한국의 수직적 구조와는 전혀 다른 분위기였습니다.

아직노 기억이 납니다. 처음 출근했는데 선생님들이 다리를 꼬고 고개를 뒤로 젖힌 채 정말 편안한 자세로 교장 선생님과 이야기하는 장면을 보았습니다. 문화가 참 다르구나 하는 것을 확실히 느낄 수 있었습니다. 한국의 경우는 해외 파견 교사제도만 해도 결국 마지막에는 관리자의 추천서를 받아야 합니다. 가장 중요한 건 교감, 교장 선생님의 결정입니다.

프랑스에서 놀랐던 점은 파리에서 한국의 장학관 같은 직위의 분이 학교 방문을 한다고 해도 크게 신경 쓰지 않는 분위기였다는 겁니다. 오직 교장 선생님과 교감 선생님만 신경을 쓰시고 나머지 선생님들은 전혀 신경 쓰지 않더군요.

출근 첫날 전체 회의를 하는데, 반절은 아직도 밖에서 커피를 마시며 이야기를 하고 있고 반절의 선생님들만 착석해서 회의에 참석하시더군요. 회의의 진행자는 교장 선생님이었고 회의 중간중간 끊임없이 선생님들이 교장 선생님께 질문하는 모습을 보며, 한국과는 많이 다름을 느꼈습니다. 한국의 경우는 선생님들이 회의를 주도하고 대부분 발표 형식이며, 대부분 교장 선생님은 마지막에 훈화 말씀을 하시는 경우가 일반적이었으니까요. 거기다 전체 교직원 회의는 신학기 시작할 때 단 한 번뿐이었습니다.

　학생들과도 마찬가지였습니다. 교사와 학생으로 만나지만 역시 인격체 대 인격체로 만나는 상황임을 느낄 수 있었습니다. 한 학생이 저에게 친구 하자고 하는데 '아, 프랑스에서는 이게 가능할 수 있겠구나.'라는 생각을 했습니다. 나이가 아닌 인간 대 인간으로 동등하게 만날 수 있으니까요. 한국의 '나이' 문화에 대해서도 깊이 생각해 본 계기가 되었습니다.

　한 번은 수영장에서 한 아이가 할머니께 큰소리로 따지는 것을 목격할 수 있었습니다. 한국에선 상상하기 힘든 상황이었습니다. 하지만 알고 보니 서로의 의견 대립으로 토론하는 거라고 말을 하더군요. 그 모습이 참으로 어색하면서도 자연스러워 보였습니다. 나이가 많다고 어떤 일에 우선순위를 점하는 일을 찾아보기가 힘들었습니다.

　하지만 프랑스에서 계속 일을 하며 느낀 단점도 있습니다. 그건 프랑스는 인맥, 학연, 지연이 심하다는 것입니다. 또한, 프랑스에서 살다 보면 한국의 공무원들과 선생님들 및 한국에 계신 모든 분이 얼마나 수준 높고 친절한지를 느낄 수 있었습니다. 한국인의 근면 성실함은 정말 대단하나는 걸 나시 한번 느낄 수 있었습니다.

또 프랑스와 비교했을 때 한국 선생님들은 학생들과 학부모들에게 배려를 정말 많이 하는구나, 하는 걸 느낄 수가 있었습니다. 가끔 한국 학교에 근무하면 관리자와 학부모들에게 교육이 끌려가고 있다는 느낌을 많이 받습니다. 각종 민원 전화들, 심지어 방과 후까지 이어지는 학부모의 각종 민원 및 질문들.

하지만 프랑스는 학교와 교사들이 이끌고 있다는 느낌을 받았습니다. 뒤에서도 말하겠지만 프랑스에서 학부모가 교사에게 직접 전화를 한다는 것 자체가 거의 불가능한 일이었습니다. 한국 학교에서는 선생님들 각각의 내선 전화기가 있지만, 프랑스는 교무실이 없고 내선 전화 자체도 없었습니다. 달라도 참 많이 다른 문화였습니다.

그림 9 프랑스 학교 건물

글로벌 인재 양성을 위한 프랑스 국제 섹션 제도

프랑스는 확고한 교육 철학을 바탕으로 바칼로레아라는 교육 정책을
유지하고 있습니다. 한국의 교육 정책이 자주 바뀌는 것과 달랐습니다.
프랑스와 한국이 다른 점은 프랑스는 초등 5년, 중등 4년, 고등 3년이라
는 점입니다. 9월에 새 학기가 시작되는 점도 다릅니다.

한국과 달리 프랑스는 학생들이 아닌 청소하시는 분들이 교실과 건물을 청소합니다. 학생들이 한국처럼 청소하지 않습니다. 휴대전화를 걷는 일도 없었고요. 학생들은 급식을 요일제로 선택할 수 있었습니다. 예를 들어 월요일 날은 집에 가서 먹고 싶다고 선택하면 월요일은 집에 가서 먹을 수 있는 겁니다.

그림 10 프랑스 학교 교실

교육제도는 말할 게 너무 많습니다. 그중에서도 앞서 이미 말했던 국제 섹션에 대해 다시 소개하고 싶습니다. 프랑스에는 국제 섹션이란 제도가 있습니다. 국제 섹션이란 프랑스 내 중등학교에 설치되어 언어, 문학, 수학 등의 과목을 프랑스어와 해당 외국어의 이중 언어로 수업하는 정규 교과로 주당 6시간의 심화 학습 과정입니다.

이는 프랑스어와 문화에 대한 자부심을 바탕으로 세계화를 향해 더 높게 더 넓게 도전하는 프랑스가 지니고 있는 교육 시스템입니다. 초중고에 글로벌 시대에 걸맞은 인재를 양성하는 프로그램의 일환으로 2017년 기준 프랑스에 17개 언어가 개설이 되었고 2017년에 한국어가 추가되었습니다.

국제 섹션의 특수성은 프랑스에 거주하는 내국인, 외국인 학생들이 함께 어울려 이중 언어로 교육을 받는다는 데 있습니다. 학생들은 각자 취향에 맞게 선택하고 시험에 응시해서 합격하면 해당 외국어와 프랑스어 두 언어로 문학, 수학, 과학, 역사, 지리 등 해당 나라에서 지정한 과목들을 배우게 되죠.

국제 중학교이긴 했지만 이런 제도가 있다는 게 참으로 신선했습니다. 제가 근무했던 곳은 독일어, 폴란드어, 한국어, 포르투갈어 국제 섹션이 있었는데 글로벌 인재를 키우기 위한 이러한 정책이 초등학교 때부터 있다는 사실이 놀라웠습니다. 고3 때 철학을 배우고 중학교 과정에서 프랑스어, 영어, 그리고 또 하나의 언어를 선택합니다.

보통 외국 아이들이 3개 국어 4개 국어 하는 이유를 몰랐는데, 프랑스 학교에 근무하면서 교육과정을 들여다보니 왜 그런지 알게 되었습니다. 글로벌 인재로 성장하기 위해선 어떻게 교육을 시켜야 하는지, 한국과 너무나 다른 프랑스 교육과정을 보며 많은 생각을 해보았던 계기였습니다.

그림 11 포르투갈 국제 섹션 선생님과

그리고 프랑스에서는 국가 주도의 교육과정이 물론 있지만, 지역별로 또 교사 개별적으로 각기 다르게 수업을 운영했으며, 이를 학교에서도 존중해주었습니다. 수업 때 교과서로 수업을 나가는 경우는 거의 없고 교과서는 보조 자료였습니다. 철저하게 교사가 어떻게 수업을 구성하느냐가 중요했습니다. 여기서 문제가 발생할 수 있는데 교사의 편차가 너무 크다는 겁니다. 수업 내용, 진도, 평가가 모두 제각각이니까요.

프랑스에서 학부모가 교사에게 전화를 걸거나 또는 선생님께 대면 상담을 하거나 학교를 찾아오거나 이런 것은 상담 기간이 아니면 거의 불가능했습니다. 만약 특별한 상황이 발생할 경우, 장문의 편지를 써야 했습니다. 한국처럼 즉각적으로 학부모를 만나는 경우는 발생하기 힘든 구조였습니다. 프랑스에서는 학기 시작 전에 미리 준비해야 될 학용품 목록 리스트를 부모님에게 보내줬습니다. 그래서 기본적인 노트나 학용품 등을 준비해야 했습니다. 이것도 한국과 다른 점이었습니다.

3

프랑스 학교에는 교무실이 없다

프랑스의 근무 시간 역시 충격이었습니다. 교사는 수업이 있을 때 출근하고 수업이 없으면 퇴근할 수 있었습니다. 마치 대학교수님처럼요. 이 모든 시스템의 근간은 교사에게 행정 업무가 따로 없고 특별한 업무 분장이 주어지지 않기 때문이 아닐까 추측해봅니다.

프랑스에서 첫 수업을 마치고 교문 밖을 나오는데 그 기분이 참으로 묘했던 기억이 선명하게 남아 있습니다. 그리고 프랑스 학교에는 교무실이 없었습니다. 선생님들이 개인 노트북을 가지고 다니지도 않았습니다. 한국의 경우 정부에서 업무용으로 노트북을 지급하는데, 프랑스는 그런 것이 없었습니다. 대신 학교에 휴게 공간이 있었는데 선생님들은 2교시가 끝난 후, 이곳에 와서 본인들이 직접 만들어온 빵을 먹거나 커피를 마시며 간단히 다과 시간을 가졌습니다.

그림 12 프랑스 학교 2교시 쉬는 시간

　더군다나 프랑스는 한국과 같은 결재 시스템이 없었습니다. 그렇기에 더더욱 충격과 충격의 연속이었습니다. 프랑스에 왔으면 프랑스 문화에 따라야 했습니다. 교육 문화가 다름을 프랑스의 한 선생님과의 대화에서도 찾을 수 있습니다. 한국의 결재 시스템에 대해 이야기를 나누었는데 프랑스 선생님이 "왜 성인인데 누구에게 허락을 맡냐"고 묻더군요. 그 말에 문화가 참으로 많이 다르다는 것을 실감할 수 있었습니다.

　해외 파견을 가면 수많은 업무가 주어집니다. 더구나 저의 경우 교육부, 외교부, 프랑스 학교, 프랑스 한국 교육원 등 여러 군데 다 연관되어 있는 경우라서 업무가 다양하게 요구되었습니다. 그럼에도 불구하고 프랑스 학교에서는 수업, 수업에 대한 업무 외 한국과 같은 업무 분장이 없었기에 그 점에서는 자유로울 수 있었습니다. 물론 뒤에서 말하겠지만 전혀 예상치 못했던 힘든 점들이 많았던 것도 사실입니다.

그리고 프랑스 교육의 좋지 않다고 느낀 부분도 상당히 많았습니다. 그중 하나, 프랑스 교육에서 충격받은 것은 하루 결석생이 엄청 많았다는 것입니다. 자유를 주고 책임을 주고, 한국의 경우는 아침에 학생이 안 오면 그때부터 담임 선생님은 학부모에게, 학생에게 연락하고 챙겨주려고 합니다. 프랑스는 전혀 그렇지 않았습니다.

한번은 프랑스 어학원을 다닐 때의 일입니다. 수업 시간이 늦어서 뛰고 있었습니다. 그런데 일본인 친구가 한마디 하더군요. "신기한 게 뭔지 알아? 유럽 아이들도 똑같이 다 늦은 상황인데 뛰는 사람은 우리밖에 없어." 실제로 주변을 보니 다른 유럽 친구들은 뛰지 않고 있더군요. 시간을 꼭 지키려고 하는 한국인의 특성을 발견할 수 있었습니다.

프랑스 학교에서 근무할 때 막상 수업을 들어가 보니 출석부 이름을 부르는 것부터 고난의 시작이었습니다. 발음이 문제였습니다. 세네갈,

모로코, 알제리, 튀니지, 폴란드, 스페인, 프랑스, 우크라이나, 이집트, 한국 등 10여 개가 넘는 나라의 아이들이 있었습니다.

　다문화 국가라는 것을 확실히 알 수 있었습니다. 더구나 개성이 넘치는 유럽 아이들 특성상 수업을 제대로 리드하지 않으면 수업 방향이 어디로 튈지 몰랐습니다. 그렇기에 중심을 잘 잡고 수업을 이끌어 나가는데 최선을 다했습니다. 하지만 덕분에 매 수업이 공개수업, 연구수업인 것처럼 최선을 다해 준비했었고, 다문화와 세계시민에 대해서도 더욱더 관심을 가지게 되었습니다.

　그리고 프랑스는 익히 알려진 것처럼 논술형 시험을 봅니다. 객관식 시험은 프랑스 문화에서 아마 생각하기 힘들 겁니다. 그런데 이게 꼭 이상적이라고 말하긴 어려울 것 같습니다. 모든 시험에는 각기 장단이 있겠지만 프랑스의 경우, 논술형 시험에 명확한 채점 방식이 없다 보니 한국처럼 명확한 것을 요구하는 문화에서 과연 잘 도입될 수 있을까 하는 의문이 듭니다.

　프랑스는 정말 자유의 나라가 맞을까요? 맞습니다. 하지만 책임이 엄청나다는 것을 알 수 있었습니다. 학생을 교육할 때 스스로 결정하고 실패를 경험하며 성상을 높도록 하는 게 프랑스의 교육 방식입니다. 하지만 이와 같은 이유로 많은 사회적 문제가 야기되는 것도 사실입니다.

코로나 시절이었습니다. 대통령은 마스크를 쓰라고 권고했지만 자유로운 국민들은 마스크를 쓰지 않고 심지어 마스크를 쓰지 말자는 시위까지 일어났습니다. 그런데, 국민들의 그런 반응에 갑자기 공권력이 투입되는 모습을 보았습니다. 외출할 때 허가증을 받지 않으면 안 되었고, 곳곳에 군인 또는 경찰 등이 투입되었습니다.

자유의 나라에서 한순간에 정반대의 나라가 되는 모습을 보고, 많은 생각이 들었습니다. 한국은 학생들과 시민들이 국가의 지시 사항에 참 잘 따릅니다. 프랑스에는 너무나도 다양한 의견들이 있습니다. 이것이 장점이 될 수도 있겠지만 똘똘 뭉쳐야 하는 위기의 순간에서까지 다양한 의견들을 내세우며 지시에 따르지 않는 모습들을 보며, 프랑스가 주는 자유에 대해서 다시 한번 생각해 보게 되었습니다. 예전에 프랑스 축구 국가팀이 와해되었던 일련의 사건들도 떠오르더군요. 그래서 프랑스에 있는 동안 프랑스가 주는 자유의 장점과 또 자유가 주는 단점들도 동시에 느낄 수 있었습니다.

그림13 코로나 19 시절 프랑스 식당

그림 14 코로나 19 시절 에펠탑 광장

그림 15 다문화 프랑스 교실

프랑스 학교에는 교무실이 없다

▌ 4 ▌

프랑스 시험 만점은 20점 방학은 5번

교육 시스템도 정말 달랐습니다. 일단 모든 학생들이 교과교실제로 수업마다 이동하는 시스템이었는데 신기하게도 수업이 끝나면 모든 학생들이 밖으로 나가야 했습니다. 밖에 있다가 수업 종이 울리면 야외 바닥에 적혀 있는 교실 번호 뒤에 한 줄로 학생들이 서게 됩니다. 그러면 해당 교사가 그 학생들을 인솔해서 교실로 들어가는 형태였습니다.

그리고 시험의 경우, 일제식 고사가 없었고 모든 문제는 주관식이었습니다. 교사 각자가 설계한 시험 형태에 따라 시험을 보고 20점 만점에 점수를 입력하면 됩니다. 원안지 검토나 이런 일련의 과정이 없고 오직 교사가 모든 주도권을 갖고 있었습니다. 객관식으로 이뤄지는 한국의 수능과 프랑스의 논술형 바칼로레아에 대해 여러 번 생각할 수 있는 계기가 되었습니다. 한국형 시험의 경우 오지선다에서 학생이 출제자의 의도를 찾는 시험이고, 그걸 빠르고 정확하게 찾아야 했습니다.

프랑스의 경우, 출제자의 의도보다는 자신만의 해석으로 자신만의 논리로 상대방을 설득해야 했습니다. 출제자의 의도를 찾아내느냐, 아니면 자신만의 언어로 상대를 설득할 거냐, 시험의 유형이 참으로 많이 다름을 생각해 보게 되었습니다. 끊임없이 사고하고 또 창의적인 생각을 풀어내는 시험은 프랑스 시험입니다. 반대로 공부의 양과 질, 정확성을 요구하는 시험 문제를 푸는 능력을 요구하는 경우, 한국의 시험입니다. 이처럼 두 나라의 교육 문화는 많이 달랐습니다.

하지만 오늘날 한국의 시험의 결과를 보면 소득 격차가 학력 격차를 가져온다는 현상, 대부분의 학생들이 사교육에 많은 시간과 비용을 투자하고 있다는 사실도 간과할 수 없습니다.

실제 제가 한국에서 근무했을 당시, 학급에서 조사를 해보았을 때, 단 한 명만 사교육을 받지 않고 있었습니다. 프랑스는 일반적으로 선행 학습을 하는 학생이 없기에 부모님들이 그로 인한 경제적 비용의 스트레스에서 벗어날 수 있는 것을 확인할 수 있었습니다.

그림 16 프랑스 학교 수업 교실 번호

그림 17 수업 교실 이름

그림 18 프랑스 학교 한국어 수업

프랑스의 방학 역시 충격이었습니다. 두 달 수업하고 2주를 쉬는 시스템, 보통 7주를 수업하고 2주를 쉬는 방학의 연속이었습니다. 방학이 무려 5번이 있었습니다. 9월에 학기는 시작되고 총 3학기로 운영되는 것도 한국과는 다른 점이었습니다. 그리고 여름방학은 두 달, 방학이 정말 많았습니다. 충격과 충격의 연속이었습니다.

9월 1일 새 학년이 시작되면 10월 중순 방학, 12월 크리스마스 방학, 2월 겨울방학, 4월 봄방학, 그리고 여름방학 이렇게 총 5번이 있었습니다. 프랑스 법정 근로시간이 주 35시간이고 대부분의 근로자들 휴가가 4주 이상이라는 점도 놀랐던 점입니다. 그리고 방학을 보내는 것도 한국과 많이 달랐습니다. 한국의 경우 방학 특강 수업을 들으러 학원에 가는 경우가 많지만, 프랑스의 경우 한 달 이상을 다른 나라로 캠프를 가거나 또는 할아버지 댁에 가서 한 달 이상 머물다 오거나, 이런 경우가 많았습니다.

CALENDRIER SCOLAIRE
2025 – 2026

ZONE B

Aix-Marseille • Amiens • Lille • Nancy-Metz • Nantes • Nice • Normandie • Orléans-Tours • Reims • Rennes • Strasbourg

vacances-scolaires.gouv.com

2025				2026							
SEPTEMBRE	OCTOBRE	NOVEMBRE	DÉCEMBRE	JANVIER	FÉVRIER	MARS	AVRIL	MAI	JUIN	JUILLET	AOÛT
1 Lu Rentrée	1 Me	1 Sa	1 Lu	1 Je	1 Di	1 Di	1 Me	1 Ve	1 Lu	1 Me	1 Sa
2 Ma	2 Je	2 Di	2 Ma	2 Ve	2 Lu	2 Lu	2 Je	2 Sa	2 Ma	2 Je	2 Di
3 Me	3 Ve	3 Lu	3 Me	3 Sa	3 Ma	3 Ma	3 Ve	3 Di	3 Me	3 Ve	3 Lu
4 Je	4 Sa	4 Ma	4 Je	4 Di	4 Me	4 Me	4 Sa	4 Lu	4 Je	4 Sa	4 Ma
5 Ve	5 Di	5 Me	5 Ve	5 Lu	5 Je	5 Je	5 Di	5 Ma	5 Ve	5 Di	5 Me
6 Sa	6 Lu	6 Je	6 Sa	6 Ma	6 Ve	6 Ve	6 Lu	6 Me	6 Sa	6 Lu	6 Je
7 Di	7 Ma	7 Ve	7 Di	7 Me	7 Sa	7 Sa	7 Ma	7 Je	7 Di	7 Ma	7 Ve
8 Lu	8 Me	8 Sa	8 Lu	8 Je	8 Di	8 Di	8 Me	8 Ve	8 Lu	8 Me	8 Sa
9 Ma	9 Je	9 Di	9 Ma	9 Ve	9 Lu	9 Lu	9 Je	9 Sa	9 Ma	9 Je	9 Di
10 Me	10 Ve	10 Lu	10 Me	10 Sa	10 Ma	10 Ma	10 Ve	10 Di	10 Me	10 Ve	10 Lu
11 Je	11 Sa	11 Ma	11 Je	11 Di	11 Me	11 Me	11 Sa	11 Lu	11 Je	11 Sa	11 Ma
12 Ve	12 Di	12 Me	12 Ve	12 Lu	12 Je	12 Je	12 Di	12 Ma	12 Ve	12 Di	12 Me
13 Sa	13 Lu	13 Je	13 Sa	13 Ma	13 Ve	13 Ve	13 Lu	13 Me	13 Sa	13 Lu	13 Je
14 Di	14 Ma	14 Ve	14 Di	14 Me	14 Sa	14 Sa	14 Ma	14 Je	14 Di	14 Ma	14 Ve
15 Lu	15 Me	15 Sa	15 Lu	15 Je	15 Di	15 Di	15 Me	15 Ve	15 Lu	15 Me	15 Sa
16 Ma	16 Je	16 Di	16 Ma	16 Ve	16 Lu	16 Lu	16 Je	16 Sa	16 Ma	16 Je	16 Di
17 Me	17 Ve	17 Lu	17 Me	17 Sa	17 Ma	17 Ma	17 Ve	17 Di	17 Me	17 Ve	17 Lu
18 Je	18 Sa	18 Ma	18 Je	18 Di	18 Me	18 Me	18 Sa	18 Lu	18 Je	18 Sa	18 Ma
19 Ve	19 Di	19 Me	19 Ve	19 Lu	19 Je	19 Je	19 Di	19 Ma	19 Ve	19 Di	19 Me
20 Sa	20 Lu	20 Je	20 Sa	20 Ma	20 Ve	20 Ve	20 Lu	20 Me	20 Sa	20 Lu	20 Je
21 Di	21 Ma	21 Ve	21 Di	21 Me	21 Sa	21 Sa	21 Ma	21 Je	21 Di	21 Ma	21 Ve
22 Lu	22 Me	22 Sa	22 Lu	22 Je	22 Di	22 Di	22 Me	22 Ve	22 Lu	22 Me	22 Sa
23 Ma	23 Je	23 Di	23 Ma	23 Ve	23 Lu	23 Lu	23 Je	23 Sa	23 Ma	23 Je	23 Di
24 Me	24 Ve	24 Lu	24 Me	24 Sa	24 Ma	24 Ma	24 Ve	24 Di	24 Me	24 Ve	24 Lu
25 Je	25 Sa	25 Ma	25 Je	25 Di	25 Me	25 Me	25 Sa	25 Lu	25 Je	25 Sa	25 Ma
26 Ve	26 Di	26 Me	26 Ve	26 Lu	26 Je	26 Je	26 Di	26 Ma	26 Ve	26 Di	26 Me
27 Sa	27 Lu	27 Je	27 Sa	27 Ma	27 Ve	27 Ve	27 Lu	27 Me	27 Sa	27 Lu	27 Je
28 Di	28 Ma	28 Ve	28 Di	28 Me	28 Sa	28 Sa	28 Ma	28 Je	28 Di	28 Ma	28 Ve
29 Lu	29 Me	29 Sa	29 Lu	29 Je		29 Di	29 Me	29 Ve	29 Lu	29 Me	29 Sa
30 Ma	30 Je	30 Di	30 Ma	30 Ve		30 Lu	30 Je	30 Sa	30 Ma	30 Je	30 Di
	31 Ve		31 Me	31 Sa		31 Ma		31 Di		31 Ve	31 Lu

▸ Les élèves ayant cours le samedi sont en vacances le samedi soir

▸ Les jours fériés sont indiqués en rouge

그림 19 프랑스 방학 시스템

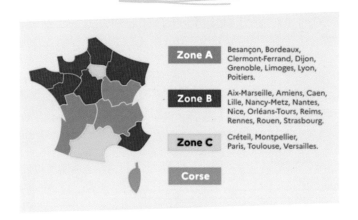

Vacances scolaires
2024 - 2025

Zone A — Besançon, Bordeaux, Clermont-Ferrand, Dijon, Grenoble, Limoges, Lyon, Poitiers.

Zone B — Aix-Marseille, Amiens, Caen, Lille, Nancy-Metz, Nantes, Nice, Orléans-Tours, Reims, Rennes, Rouen, Strasbourg.

Zone C — Créteil, Montpellier, Paris, Toulouse, Versailles.

Corse

	Zone A	Zone B	Zone C	Corse
Rentrée des élèves	Lundi 2 septembre 2024	Lundi 2 septembre 2024	Lundi 2 septembre 2024	NC*
Vacances de la Toussaint	Du samedi 19 octobre au lundi 4 novembre 2024			NC
Vacances de Noël	Du samedi 21 décembre 2024 au lundi 6 janvier 2025			NC
Vacances d'hiver	Du samedi 22 février au lundi 10 mars 2025	Du samedi 8 février au lundi 24 février 2025	Du samedi 15 février au lundi 3 mars 2025	NC
Vacances de printemps	Du samedi 19 avril au lundi 5 mai 2025	Du samedi 5 avril au mardi 22 avril 2025	Du samedi 12 avril au lundi 28 avril 2025	NC
Vacances d'été	Samedi 5 juillet 2025			NC

그림 20 프랑스 방학

▌5▐

카멜레온처럼 변신해라, 해외 파견 교사!

해외 파견을 가면 다양한 능력을 요구받습니다. 각종 행사도 개최해야 하고 수시로 어떤 일이 떨어질지 모릅니다. 갑작스러운 공개수업 요청 및 방송 관계자들 인터뷰, 다양한 행사 기획, 최선을 다해보고 싶은 마음에 K-POP 그룹에 들어가서 춤 연습도 하고, 공연도 하며 열심히 살았던 그때가 생각이 납니다. 정말 이색적이었던 게 K-POP 댄스 선생님은 프랑스인이었는데 그 안에 유일한 한국인 학생이었던 저는 한국 노래로 프랑스인에게 수업을 받았습니다. 그 느낌이 참 묘했던 기억이 아직도 남아있습니다. 외국인에게 한국 문화를 배우는 입장 말이죠. 해외에서 근무하면서 느꼈던 건 음악과 춤, 악기와 몸짓, 웃음은 전 세계 공통 언어라는 사실입니다.

해외 파견을 가면 도전정신, 자신감, 강인한 멘탈, 적응력, 문제 해결력 등 많은 것이 요구됩니다. 하지만 가장 중요한 것은 그 문화를 받아들이고 어떠한 상황에서도 해낼 수 있다고 믿는 자기효능감이라고 생각합니다.

교육에 있어서 본질은 무엇일까요? 어떤 수업이 좋은 수업이고 어떤 교사가 훌륭한 교사일까요? 본인의 학습 목표와 학생들의 니즈를 잘 파악하여 공통점을 찾아내는 것, 상황에 맞는 적절한 교수 학습법으로 학생들과 함께 수업 목표를 이뤄내는 것, 힘든 점도 많이 있었지만, 지나고 보면 다 추억이고 깨달음의 시간들이었습니다.

그림 21 프랑스에서 K-POP 공연해보기

❙ 6 ❙

프랑스의 자기주도학습 뿌리는 어디에서 나올까?

프랑스는 아침 등교 시간이 지나면 교문이 닫힙니다. 이게 처음에는 정말 신기했습니다. 교사들은 열쇠를 가지고 자유롭게 드나들고 학생들은 캬흐넷이라고 하는 수첩으로 출입 증명을 받아야만 등교와 하교를 할 수 있습니다. 한국과 같은 교문이 아니고 항상 출입구에는 생활지도 보조교사 선생님의 관리 감독이 있습니다.

프랑스에 근무하면서 프랑스는 철학과 인문학이 정말 강조된다는 것을 확실히 느낄 수 있었습니다. 독서와 말하기가 강조되고 언어와 역사를 중요하게 가르칩니다. 그래서 아이들에게 어릴 적부터 책을 읽고 토론하고 생각하는 힘을 길러주는 것이 문화로 자리 잡혀 있습니다.

프랑스 학교에 근무하면서 사람들이 왜 그렇게 토론을 좋아하는지 느끼게 되었습니다. 교육과정에서 강조하는 게 바로 그것이었습니다. 모든

진 학교 교육의 뿌리부터 시작된다는 것을 느꼈습니다. 언어와 역사 철학이 강조되는 시스템이었으니까요.

더불어 한국과 다르게 아이 스스로 선택하고 책임지게 하는 것, 부모의 경제력은 부모의 경제력이고 본인의 것이 아니라는 인식이 굉장히 강했습니다. 프랑스 부모님들은 아이를 정말 엄격하게 교육한다는 것도 알게 되었습니다.

그리고 프랑스 중학교의 경우, 스타쥬(Stage)라고 하는 직업 진로 체험 기간인 인턴십 과정이 있었습니다. 직접 그 직업을 경험해보고 느낀 점을 보고서로 작성해야 했습니다. 중학교 때 각자 진짜 직업인이 되어 학교를 나오지 않고 직업인 체험을 해보는 것, 정말 실제적인 교육이란 생각을 해봤습니다.

또 학원이 없는 프랑스 교육 시스템을 보고 깜짝 놀랐습니다. 자유와 책임을 강조하는 프랑스 교육, 학생들은 본인이 듣고 싶어 하는 과목을 선택했고 방과 후 과목도 본인이 듣고 싶은 과목을 스스로 선택해서 공부하더군요. 라틴어를 선택하는 학생들도 보았습니다. 대다수는 공부에 대한 큰 압박을 받지 않았습니다. 물론 그랑제콜에 들어가려는 학생들은 그 누구보다 치열하게 공부하겠지만 대부분의 학생들은 하고 싶은 일을 선택하는 경험을 학습에서부터 하게 됩니다.

자기 자신의 리더가 되어 스스로 선택하고 실행해가는

주체적인 인생을 살고 있었습니다

성인 중에 한국어를 공부하시는 분을 보고 왜 공부하냐고 물어봤을 때, 3년 뒤에 한국 여행을 가고 싶다고, 그래서 공부하는 거라고 대답을 해주셨습니다. 이를 듣고 어릴 때부터 하고 싶은 일을 본인이 원해서 하는 것에 대한 과정들이 참 중요하다는 생각을 해봤습니다.

어릴 때부터 인생의 항해에서 가장 중요한

'선택'에 대한 연습을 하고 있었습니다

프랑스에 근무하면서 반대로 한국 교육의 장점도 많이 발견하게 되었습니다. 개인적으로 한국 교육의 가장 큰 장점 중 하나는 에듀테크 기술이라고 생각합니다. 하지만 결국 이러한 기술도 인문학적 가치가 뿌리에 있어야지 너 큰 사치를 창출할 수 있지 않을까 생각합니다. 프랑스 교육의 장점과 한국 교육의 장점을 조합한다면 보다 좋은 결과물이 나오지 않을까요?

그림 22 생각하는 로댕

그림 23 프랑스 학교 초등학교 학생 미술 작품

7

성적 사정안을 반별로 한다고?

'LE conseil de classe'라고 불리는 학급 성적 사정안, 학기가 끝날 때마다 진행되는 평가였습니다. 프랑스에서 깜짝 놀랐던 점은 모든 행정 처리를 교장, 교감 선생님 등이 한다는 거였습니다. 교감 선생님이 성적표를 출력하고 계시는 모습도 충격이었습니다. 그리고 시험점수에 따른 줄 세우기가 아닌 한 학기 결과에 대한 분석으로 학생이 더욱더 성장할 수 있도록 함께 토의하는 게 핵심이었습니다.

프랑스는 중학생도 중학교 졸업시험이 있습니다. 프랑스어, 수학, 과학, 지리—역사, 구술 등을 보는데 모든 문항이 역시 서술형이라는 게 핵심이었습니다.

그리고 학기가 끝날 때마다 학급 사정안을 하는데 이걸 반마다 합니다. 한국에선 전교생을 학년별로 한 번에 처리하는 경우가 많은데, 이걸 반마다 하니 예를 들어 1학년에 7개 반이 있다면 7번 사정안을 하는 겁니다. 그런데 이게 참 좋아보였던 게 한 반을 할 때 모든 각 과목 선생님들이 모여서, 학급 대표 학생과 학부모대표까지 함께 모여서 학생 한 명 한 명에 대해 서로 의견을 주고받습니다. 정말 교육의 아름다운 장면이었습니다.

교사의 일방적 평가도 아니고 담임 선생님, 다른 과목 선생님들, 학생과 학부모님, 그리고 매번 참석하는 교감 또는 교장 선생님, 한 학생에 대해서 이렇게 진지하게 모든 교과 선생님들이 이야기하는 이런 모습이 좋았습니다. 한국의 생활기록부와 같은 엄청나게 많은 양을 교사가 써야 하는 그런 작업은 없고 교사의 간단한 코멘트가 있었습니다. 형식적인 것보다 실제적인 것에 초점을 맞춘 교육이었습니다.

| 8 |

온 가족이 총출동하는 학교 방문의 날

프랑스의 또 하나의 좋은 교육제도는 초등학생들이 중학교에 입학하기 전, 부모님과 함께 전 교실을 돌아보며 수업에 대해서 들어보는 시간이 있다는 것입니다. 'Porte ouverte'라고 하는 학교 공개의 날인데, 이날은 저도 한 교실에 행사를 기획하고 한국 문화를 소개하며 공연 및 먹거리를 준비해, 찾아오시는 학부모와 학생들에게 제가 맡은 수업에 관해 설명을 했습니다. 자녀가 학교에 입학하기 전 모든 선생님들을 만나고 또 어떻게 수업이 이루어지는지 이야기도 듣는 의미 있는 제도였습니다.

그림 24 한국어 수업 태극기 그리기

그림 25 프랑스 학교 방문의 날 한국 섹션

프랑스 호랑이 선생님

할 말이 참 많은 부분입니다. 일단 프랑스는 굉장히 엄격한 교육을 합니다. 교사가 교실에 입장하면 학생들은 기본적으로 다 서 있어야 합니다. 교사가 수업할 준비가 되었다고 앉으라 하면 그때 학생들은 자리에 앉을 수 있습니다.

굉장히 엄격하며 강의식, 토론식 수업이 주를 이루었습니다. 교과목별로도 한국과는 정말 수업 방법이 다른데, 이를테면 체육의 경우, 기초체력 위주의 운동을 시킵니다. 마라톤을 왜 유럽 사람들이 그렇게 많이 할까 생각했었는데 어릴 적부터 학교에서 교육하는 모습을 보며 이 모든 것들이 학교 교육에서부터 이루어졌단 걸 알 수 있었습니다.

또한, 교육의 목적이 입시가 아닌 평생 교육으로 이어질 수 있게 하는 것이라는 것을 새삼 느낄 수 있었습니다. 여름에는 아이들이 카약을 타러 가고 겨울에는 스키를 타러 가는 학생들의 교육환경도 이색적이었습니다.

그림 26 프랑스 학생 활동 카약, 암벽등반

그림 27 프랑스 학생 활동 스키 체험

프랑스 학교에는 교무실이 없다

학부모 상담은 보통, 부모님들이 원하는 과목 선생님들을 선택합니다. 한 과목일 수도 있고 여러 과목일 수도 있습니다. 부모님의 국적이 서로 다른 경우가 많은데 대부분 친절하셨고 교사를 많이 신뢰하고 있다는 느낌을 받았습니다. 그도 그럴 것이 입시 위주의 교육 시스템이 아니기에 가능하지 않나 하는 생각도 듭니다. 한국의 경우 중등부터는 학부모님들이 가장 궁금해하는 것들이 바로 성적이니까요.

그림 28 프랑스 거리 그림 같은 집

그림 29 프랑스 에펠탑 앞에서

프랑스 학교에는 교무실이 없다

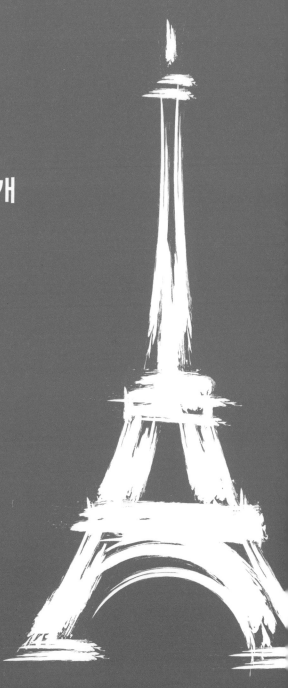

2장

꿈런쌤이
직접 겪은
프랑스 문화 소개

'여행과 삶은 다르다.'라는 말을 뼈저리게 느끼고 온 프랑스 생활이었습니다. 여행이 아닌 프랑스 생활에서 직접 겪은 프랑스 문화는 때로는 충격적으로, 때로는 깊이 있게 우리나라와 나 자신을 생각해 보게 하는 계기가 되었습니다.

타인들 속에 둘러싸여 그들의 문화를 온전히 느끼면서, 우리나라의 문화와 역사를 다시 생각해 보는 계기가 되었고, 이전까지 알고 있었던 프랑스에 대한 편견들은 사라지고 새로운 프랑스가 드러나기 시작했습니다.

아이들을 프랑스 학교에 보내고 프랑스 학교에 근무하면서, 프랑스인들에 둘러싸인 아파트에서 생활하며 프랑스인들을 조금 더 가까이 살펴볼 수 있었습니다.

어떻게 살아야 할까! 어떤 삶의 태도로 살아야 할까! 프랑스인들과 함께 생활하며 끊임없이 던졌던 물음들, 이번 장에서는 제가 경험한 실제 프랑스의 문화를 소개합니다.

1

어디서 감히 외모 평가야?

프랑스에서 가장 놀랐던 것 중 하나는 외모 평가가 절대 없다는 겁니다. 한국에서는 전학생이 오면 그 학생을 보기 위해서 수많은 학생들이 구경을 오는 경우를 자주 볼 수 있었습니다. 그리고 외모가 뛰어난 선생님들은 학생들의 흠모의 대상이 되기도 합니다. 그런데 프랑스에서는 외모 평가가 절대 없었습니다. 다양한 인종이 섞여서 그럴 수도 있겠지만 빼어난 외모를 가진 학생들이 있다고 해서 그 학생이 인기가 많거나 그런 경우를 발견하기 어려웠습니다.

선생님의 경우도 마찬가지였습니다. 한국의 경우 교사 소개를 할 때 외모가 빼어나거나 인기가 많은 선생님의 경우, 특히 젊은 남교사에게는 박수가 많이 나오는 상황을 자주 목격했습니다. 학부모 총회 때도 마찬가지였습니다. 그런데 프랑스는 그런 게 전혀 없었습니다.

예전에 서울로 한국 학생들을 데리고 연극을 보러 간 적이 있었습니다. 주인공은 극이 진행되는 동안 열심히 연기를 했는데, 학생들은 공연이 끝나자마자 잠깐 연극에 출연한 잘생긴 단역 배우에게 사인을 받기 위해 줄을 섰습니다. 외모 지상주의의 한 단면을 볼 수 있었습니다. 하지만 프랑스에서는 그런 모습이 보이지 않았습니다. 한국과 다른 문화를 발견할 수 있었습니다.

그림 30 프랑스 학교 국적이 다른 학생들

2

싸데뻥이 뭔가요?

한국처럼 정확하고 신속한 나라가 어디 있을까요? 하지만 프랑스는 다릅니다. 신속함과 정확함이 떨어져서 정말 힘들었습니다.

학기 초 수업 시간표가 다르게 나와 이것을 가지고 찾아갔는데, 아무일도 아니니 걱정하지 말라고 말씀하시더라고요. 유럽의 일 처리 방식은 정확하거나 신속함이 요구되는 한국과는 정말 많이 달랐습니다. 또 가장 힘든 게 그때그때 다른 방식입니다.

프랑스에서 통용되는 '싸데뻥'이란 말이 있습니다. 그때그때 다르다는 말입니다. 이게 일 처리할 때도 통용되는 말인데, 일할 때조차도 그때그때 다르고 뭐 하나 정확한 기준이 없으니 정말 힘들더군요. 예를 들어 체류증 같은 행정 서류를 발급받으러 갔을 때 처음에는 서류 미흡으로 안된다고 했습니다. 시무룩한 표정으로 나오는데 어떤 프랑스분이 저에게 말을 걸더군요. 같이 대화를 하다가, 갑자기 본인이 처리해주시겠다며 다시 그분과 함께 가니 바로 무사통과였습니다. 이렇듯 정말 그때마다 기준이 다르다는 점, 이점은 한국인들에게 참으로 힘든 점이었습니다.

약속 시간 늦는 건 기본이고 심지어 회의를 할 때도 모두 다 착석하지 않습니다. 일부는 서서 다과를 즐기고 일부는 회의에 참석하고, 그리고 회의는 언제나 열띤 토론으로 이어졌습니다. 유럽의 행정 처리가 느리다는 점, 그리고 그때그때 다르다는 점, 이 점이 정말 힘들었습니다. 말로만 들었던 행정 업무의 느림을 실제로 경험해보니 정말 한국인의 속도로는 이해하기가 힘들더군요. 운전면허증을 발급받는 데 자그마치 1년이 걸렸습니다. 누가 나에게 독촉하는 일도 없지만 반대로 내가 급한 경우에도 마찬가지라는 걸 알게 되었습니다.

그들의 느긋함을 보고 참 많은 것을 생각해 보게 되었습니다. 느리게 사는 프랑스인들과 빨리빨리 사는 한국인들 삶의 방식이 다르다는 걸 확실히 느낄 수 있었습니다. 시간은 똑같이 흘러가지만, 삶의 속도와 방향, 문화는 정말 많이 달랐습니다.

삶을 살아가는 태도, 삶을 성찰하는 방식, 철학으로 하루 걷기

여행으로도 두 번이나 전에 왔었지만, 실제 프랑스에 살게 되면서 여행과 사는 것은 정말 다르다는 것을 느낄 수 있었습니다.

그림 31 내가 좋아한 프랑스 카페

▌3 ▐

차가운 개인주의 속 살아남는 방법은?

개인주의라고 해야 할까요? 일단은 프랑스 학교에 처음 왔는데 직장에서 언제 어떤 회의가 있고 어디서 그런 정보를 얻는지 알려주는 사람이 아무도 없었습니다. 결국 본인이 직접 하나하나 다 물어보고 해야 한다는 것. 그렇게 여기서 우울한 차가움을 맛봤습니다. 출퇴근 시간이 자유로웠지만, 업무를 배우기 위해 아침 일찍 학교에 출근했습니다. 그리고 선생님들이 수업 자료를 인쇄할 수 있는 컴퓨터가 있는 공간이 있었는데, 그곳에 가서 학교에서 근무하시는 외국 선생님을 기다립니다. 그리고 용기 내서 선생님들께 궁금한 것을 물어보면 프랑스어로 'Je sais pas' 너무도 차갑게 '나 몰라.' 이렇게 대답을 하십니다.

이런 걸 몇 번 하다 보면 기운이 쭉 빠지고 기분이 좋지 않습니다. 한국에서 근무하시는 선생님들의 친절함과 배려, 따뜻함은 찾기가 힘듭니다. 언제 회의가 있고, 어떻게 시험을 보고, 어떻게 성적표 작성을 하고, 성적표 입력 후 성적 사정안은 어떻게 하는지, 학부모 상담은 어떻게 하는지, 그리고 시간표 문제, 출장 처리 문제 등 본인이 다 직접 물어봐서 해야 합니다. 프랑스어로 소통하는 것도 쉽지는 않지만 그것보다 더 어려운 점은 그들의 태도였습니다. 다른 사람의 일에 간섭하지도 않고 필요 이상의 친절함도 베풀지 않았습니다.

프랑스의 교사들은 한국 교사들보다 임금 수준이 낮다는 것도 알게 되었습니다. 그리고 프랑스에서는 일반 사람들이 교사라는 직업을 감정 노동을 많이 하는 직업이라 여기며 기피했습니다. 예전에는 학생들의 존경을 받는 직업이었지만 지금은 그렇지 못한 분위기가 됐다고 합니다. 그래서 교사라는 직업을 그렇게 선호하지 않는 모습도 볼 수 있었습니다.

필리핀에선 모든 사람들이 살갑게 다가와 주었고 협력 교사도 있었습니다. 필리핀에 첫 출근했던 날에는 학교 측에서 환영 축하공연만 무려 5개나 해주었습니다. 심지어 애국가까지 외워서 노래를 불러줬던 그런 추억이 있었는데 프랑스는 첫 출근 때부터 누구 하나 관심을 갖지 않았습니다. 중요 공지 사항이나 일하는 법을 알려주는 사람조차 단 한 명이 없었기에 스스로 고군분투하며 프랑스 학교생활을 헤쳐 나가야 했습니다.

사실 프랑스 해외 파견 교사로는 제가 최초였기에, 현지 학교에서 근무했던 한국 선생님이 없어 이런 걸 편하게 물어볼 수 있는 곳이 없었습니다. 어찌 됐건 처음부터 끝까지 집을 구할 때처럼 모든 걸 본인이 알아서 배워서 해결해야 했습니다.

그렇기에 항상 아침 일찍 출근했습니다. 일찍 출근해서 먼저 만나는 분에게 용기 내서 물어보면 '모른다.'라고 아무렇지 않게 답변하는 분들, 인사를 끝까지 하지 않는 프랑스 수학 선생님, 끊임없이 묻고 또 묻고를 반복했습니다. 그러다 결국 친절한 폴란드 선생님을 만나 폴란드 선생님께서 학교 일 하는 법을 많이 알려주셨습니다.

알고 보니 그 선생님 아들이 한국어를 독학으로 공부하는 학생이었는데, 아마도 그 덕분에 한국인에 대한 관심과 애정이 있었나 봅니다. 그 학생의 경우, 남한과 북한의 역사와 문화를 각각 공부하고 있는 모습도 인상적이었습니다. 중학생이었지만 가수 김광석을 좋아하며 바위섬 노래를 좋아하는 학생이었습니다.

그림 32 프랑스에서 살아남기 – 에펠탑 앞에서

그림 33 친절했던 폴란드 선생님과 아들

어찌 됐건 차가워도 너무 차가운 프랑스 동료들을 보며, 불친절함의
끝판왕인 그들을 보며, 인생은 실전이고 결국 혼자서 다 해나가야 하며
이런 환경 속에서 커나가는 프랑스 교육에 대해서도 다시 한번 생각해
볼 수 있었습니다. 스스로 강해지지 않으면 안 되는, 자유를 주되 엄청난
책임을 묻는, 이걸 아주 어릴 적부터 하고 있는 프랑스 교육에 대해서 말
입니다.

독립적이고 절대 누구에게 의지하지 않는 모습이었습니다. 필리핀에서 봤던 공동체 정신을 이곳에선 볼 수가 없었습니다. 문자로 연락을 해도 답장이 하루나 이틀 뒤에 오는 경우가 허다했습니다. 처음에는 정말 이해가 되지 않더군요. 학교 체육 선생님에게 말을 해서 간단한 테스트를 보고 축구팀에 들어갔는데 심지어 축구팀 모이는 날을 정하는 것도 메일로 오가며 소통을 했습니다. 언제나 정중한 편지 형식으로 말입니다. 정말 아날로그의 끝판왕이었고 한국에서는 있을 수 없는 일이었습니다. 왜 편리한 채팅으로 소통하지 않는지 이해되지 않았지만, 편지를 쓰는 격식을 갖추는 것을 좋아하는 프랑스의 문화였습니다.

그리고 만약 본인이 할 일을 제대로 못 하면 책임도 본인이 확실히 져야 했습니다. 어떠한 공지를 못 받았다. 이런 식의 대답은 그들이 원하는 게 아니었습니다. 프랑스에 왔으면 프랑스 문화를 따라야 하기에 이 모든 것을 따라가려 노력했습니다. 일 처리할 때도 신속하고 정확성을 요구하는 한국과는 다르게 해야 했습니다. 한국 사람들과 관련된 일은 한국 스타일로, 프랑스 사람들과 관련된 일은 프랑스 스타일로 카멜레온이 되어야 했습니다.

출퇴근 시간이 정해지지 않았지만 제가 맡은 일이 구멍 나지 않게 아침부터 일찍 가서 친절한 동료들을 찾아 헤맸던 기억, 2교시가 끝나면 다 과실로 모여 커피와 빵을 나눠 먹으며 이야기를 나눴던 프랑스의 교직 문화가 생생히 떠오릅니다.

처음 프랑스에 도착해서 출근하면서 느낀 감정은 이방인이란 느낌이 었습니다. 프랑스 첫 근무 날, 프랑스어로 자기소개를 했는데 사람들은 별 관심이 없었습니다. 프랑스에 가보니, 접해야 할 분들이 한국 학부모님들, 외국인 학부모님들, 프랑스 현지 학교 교장 선생님 및 동료 선생님들, 지역 한인사회, 그리고 프랑스 교육원, 또 이미 프랑스에 살고 계시며 한국어를 가르치시는 선생님들, 그리고 교육부와 외교부 담당 업무 관계자들이 있었습니다.

그런데 프랑스인과는 다르게 한국인들은 해외 파견 교사에게 엄청난 관심을 보였습니다. 중립을 지키며 모두와 잘 지내야 하는 일이 중요했습니다. 그 어느 편에 서지 않고 중심을 잘 잡고 소신 있게 내가 해야 할 역할과 책임을 다하는 일, 프랑스에서 이것이 얼마나 중요한 일인지 깨닫게 되었습니다. 좁은 교민 사회, 누구와도 적을 만들지 않는 방법, 멘탈 관리가 정말 중요했습니다. 외국 생활에서 언행의 신중함과 멘탈의 중요성에 다시 한번 뼈저리게 느끼게 되었습니다.

또 프랑스에서는 학생들 단체 활동을 보기 힘들었습니다. 한국에서는 학급별 대항전 또는 학년별 체육대회 축제 등 다양한 행사가 운동장에서 강당에서 실시되었는데 프랑스는 거의 대부분의 활동이 개별화더군요. 이런 부분에 대해서도 교육 문화가 참 많이 다르다는 것을 느꼈습니다.

그림 34 이란, 프랑스 친구들

| 1 |

프랑스에서 실제 K-POP의 인기는?

프랑스에 가기 전에 수많은 언론들을 통해 대부분의 학생들이 K-POP 을 좋아하는 줄 알았습니다. 하지만 막상 가보니 일부 마니아들의 세계 였습니다. 필리핀 파견 교사 시절, 대부분의 학생들이 한국에 호감을 갖 고 관심을 보였던 것과는 달랐습니다. 결국 한국 문화를 어떻게 알릴 수 있을지가 큰 숙제였습니다. 그럼에도 불구하고 한국 문화를 진지하게 좋 아하는 학생들이 있다는 것 자체가 감사한 일이라는 생각이 들었습니다. 그 영향으로 한국어를 배우고 싶어 하는 학생이 늘어나는 것이 참으로 감사했습니다. 한국어를 배우고 싶어 하는 학생이 있다는 사실, 이 모든 게 한국 음악뿐 아닌 한국 드라마와 영화 스포츠 등 한국 문화의 힘이라 는 생각이 들었습니다.

그림 35 한국어 공부에 진심이었던 모로코 학생

그림 36 K-POP 공연 무대 서보기

그림 37 한국 문화를 좋아했던 프랑스 학생들

그림 38 K-POP 가수 스티커

5

프랑스에서 살려면 프랑스어는 필수일까?

수업을 할 때에는 그래도 수업 프랑스어를 공부해서 진행할 수 있었지만 역시 회의가 문제였습니다. 모든 프랑스어 회의와 프랑스어 발표, 첫 회의 때 영어로 발표를 하니 바로 프랑스어로 하라고 지적을 받았던 게 생각이 납니다. 사실 언어를 유창하게 하는 것이 당연히 좋겠지만 가장 중요한 건 자신감이라고 생각합니다.

프랑스에서 느꼈던 건 한국의 경우 '영어'를 꼭 해야 하는 필수 과목으로 인식하는 것에 비해 프랑스에서는 '영어'가 정말 많은 언어 중 하나라는 사실이었습니다. 독일어, 스페인어, 포르투갈어, 영어, 이렇게 많은 언어 중 하나로 인식한다는 느낌을 받았습니다. 프랑스어에 대한 자부심은 역시 대단했고요. 프랑스어 때문에 힘든 건 사실이었지만 그럼에도 불구하고 해외 파견을 준비하시는 선생님들 중에 혹여 해당 나라의 언어 때문에 포기하시는 분은 없었으면 합니다.

해외 파견을 가면 다양한 업무를 부여받는데 그중에서도 가장 스트레스를 받는 일 중 하나는 실적입니다. 특히 학생 수를 늘려야 한다는 점, 내가 가진 모든 수업 스킬을 활용해서 외국인 아이들을 사로잡아야 하는 일, 한국 문화 시간에 한국어와 한국 문화를 가르쳤는데 외국 아이들을 사로잡기 위해 고군분투했던 그 시절이 떠오릅니다. 그 경험을 마치고 한국에 와서 학생들이 꽉 찬 교실을 보면서 참 감사함을 느꼈습니다. 일상에서 느끼지 못했던 소중함, 감사함을 해외 파견에 가서 느낄 수 있는 계기가 되었습니다.

그림 39 프랑스 선생님들과 회의 시간

그림 40 한국 문화 체험 수업

살면서 경험한 프랑스 문화 56가지

1) 특별한 크리스마스

크리스마스이브와 새해 문화입니다. 프랑스에서는 크리스마스이브 날에 큰 파티를 하고 크리스마스 당일 아침에는 꿀잠을 자는 분들이 많아 신기했습니다. 거리에도 크리스마스 낮에는 상점들이 많이 닫혀 있었고요. 새해도 마찬가지입니다. 12월 마지막 날에 큰 파티를 하고 정작 1월 1일 낮에는 꿀잠을 자는, 이게 한국과는 달라서 참 이색적이었습니다.

2) 파리보다 스트라스부르

프랑스에 살면서 많은 프랑스인 분들과 이야기를 해보면 파리를 그렇게 좋아하는 분이 없었습니다. 파리는 호불호가 굉장히 강한 도시였습니다. 제가 만나본 대부분의 프랑스 분들은 남프랑스를 더 선호하셨는데 이유는, 파리는 더럽고 소매치기가 많고 물가도 비싸고 또 인종차별이 심하다는 이유에서였습니다.

그림 41 프랑스 스트라스부르 쁘띠프랑스

3) 남한 vs 북한

프랑스에서 길거리를 지나다 보면 어린아이들이 칭챙총 또는 곤니치와, 니하오 등 이런 말들을 참 많이 합니다. 그리고 어느 나라 사람이냐고 물어봐서 한국인이라고 답변하면 북한 사람이냐, 남한 사람이냐 이걸 꼭 물어보았습니다. 국제뉴스에 북한이 많이 나오기 때문에 그럴 수도 있겠구나 하는 생각이 들었습니다. 가끔은 '북한으로 가버려' 이렇게 소리치시는 분도 있더군요.

4) 소매치기 수법은?

소매치기가 많다는 건 이미 유명한 일입니다. 저의 경우를 말씀드리면 기차를 탔는데 창문으로 누군가 노크를 하더군요. 그래서 창가를 쳐다봤는데 그 순간 소매치기 일당이 좌석에 놨던 제 작은 가방을 가지고 달아나더라고요. 기차가 딱 출발할 그 시점에요. 한국보다 소매치기가 훨씬 많은 건 사실이어서 언제나 주의가 필요했습니다.

5) 평등한 시위

제가 있을 당시 비유럽권 학생들에 대해 등록금을 인상한다는 발표가 있었습니다. 그런데 이와 관련 프랑스 학생들이 시위를 하는 것을 목격할 수 있었습니다. 바로 자유, 평등, 박애 정신에 어긋난다는 이유에서였습니다. 본인에게 해당하지 않는 일이더라도 자신의 신념과 가치관에 위배되는 일이 있을 때 시위하는 모습이 인상적이었습니다. 그리고 인상적이었던 게 프랑스의 복지 정책입니다. 외국 유학생들까지 주택 보조금을 주는 것을 보고 놀랐습니다.

6) 아이돌 그 위에 싸이

제가 있을 당시 연령을 떠나서 K-POP에 대해서 물어보면 싸이는 누구인지 알아도 K-POP 아이돌 그룹을 모르는 분들이 많다는 사실도 알게 되었습니다.

7) 노숙자와의 대화

노숙자들이 굉장히 많은데 노숙자들과 자연스럽게 이야기를 주고받고 담배도 주시고 이런 장면들도 참 인상적이었습니다. 그리고 노숙자분들은 큰 개를 데리고 다니는 경우도 많았습니다.

8) 우산보다 비니

프랑스는 비에 대해서 관대했습니다. 날씨가 워낙 변덕스럽다 보니 그런 것 이닌가 합니다. 그래서 보자 달린 옷을 많이 입고 비니를 정말 많이 썼습니다. 보통 비가 와도 우산을 쓰는 경우도 많이 없고 비를 아무렇지 않게 맞고 다니는 경우가 많았기에, 처음엔 참 신기했습니다.

9) 라디에이터 vs 전기장판

프랑스는 한국과 달리 라디에이터를 씁니다. 겨울철에 공기를 따뜻하게 하는 라디에이터 시스템이 한국의 난방 시스템과 달랐습니다. 그래서 프랑스에 올 때 한국분들 중 전기 장판을 사 오시는 분도 많았습니다.

10) 프랑스 아닌 프랑스

이곳이 프랑스인지, 알제리인지, 튀니지인지 어느 나라인지 정말 헷갈릴 때가 있었습니다. 정말 이민자들이 많은 나라라는 것을 살면서 실감했습니다. 프랑스 영화 중 유명한 영화가 있었는데, 내용은 이렇습니다. 어느 한 프랑스 부모님이 딸을 넷 두고 있었는데, 한 명은 유대인과, 한 명은 아랍인과, 한 명은 중국인과, 그리고 마지막 딸은 흑인이랑 결혼하는 내용입니다. 프랑스에 살면서 한민족이란 말을 많이 강조했던 우리나라와 다문화 시대를 살아가는 프랑스를 보며 다문화와 세계시민 교육에 대해 많은 생각을 해봤습니다.

11) 당신에게 신경 쓰지 않는 나라

튀고 싶어도 튈 수 없는 나라가 프랑스였습니다. 패션도 다양하고 인종도 다양하고 히잡을 쓰시는 분들, 에펠탑 앞에서 팬티만 입고 돌아다니시는 분, 잠옷 차림으로 돌아다니시는 분도 봤는데, 그 누구 하나 신경쓰지 않았습니다. 언어도 정말 다양해서 이탈리아어, 스페인어, 러시아어, 독일어 등 지하철에 타면 수많은 종류의 언어가 나오는 걸 확인했습니다. 제가 살았던 곳은 유럽 의회가 있었는데 다양한 국가의 사람들이 함께 모여 살고 있는 걸 확인할 수 있었습니다.

12) 프랑스 엘리베이터 풍경은?

프랑스 사람들은 인사를 정말 잘했습니다. 엘리베이터를 타면 무조건 "안녕하세요. 안녕히 가세요. 그리고 즐거운 하루 보내세요." 이런 말을 꼭 했습니다. 주말이면 "좋은 주말 되세요." 엘리베이터에 타면 꼭 이렇게 인사를 했습니다. 한국과는 전혀 다른 엘리베이터 풍경이었습니다.

13) 태양 바라기

겨울 날씨는 정말 우울했습니다. 구름이 잔뜩, 해를 보기 힘들었고 또 비가 자주 내렸습니다. 프랑스에 살면서 햇빛의 중요성을 처음 깨달았습

ㅣ다. 지역미디 차이가 있겠지만 아마노 이건 제가 살았던 지역이 알자스였기 때문에 그랬던 것 같습니다.

14) 수염은 매력의 상징

남자분들이 수염을 많이 길렀습니다. 턱수염 등, 수염을 많이 기르셨는데, 수염이 남성의 매력이라는 것을 알게 되었습니다. 한국은 대부분 깔끔하게 면도하는 것을 선호하지만 이쪽에서는 수염이 큰 매력 포인트였습니다. 그리고 탈모이신 분들도 이곳에서는 큰 스트레스가 없어 보였습니다.

15) 의상

성인 여성들의 경우 치마를 거의 입지 않고 대부분 원피스를 입는다는 사실을 확인했습니다. 프랑스에서는 여성분들이 짧은 치마를 입는 걸 거의 볼 수 없었습니다.

16) 파업의 나라

파업의 나라였습니다. 토론도 잘하고 파업도 잘하고, 그리고 그 파업의 정도는 때론 너무 과격했습니다. 상점을 부수는 등 파업이 너무 많다는 점을 알게 되었습니다. 어느 날, 학교에 가보니 선생님들이 없었습니다. 알고 보니 시위를 하러 간 거였습니다. 정말 시위가 끊이지 않는 나라였습니다.

17) 성별은 중요하지 않아

운동을 할 때나 어떤 일을 할 때 성별이 다름은 크게 문제 되지 않았습니다. 축구팀에서 뛸 때도 상대 팀 스트라이커분들이 여자인 경우도 있었고 농구도 그렇고 남녀 혼성으로 운동을 하는 경우가 정말 많았습니다.

그림 42 동네 여자 축구 클럽

18) 동료는 동료일 뿐

개인주의 성향상 동료는 그냥 철저히 동료일 뿐이고 그 동료와 따로 만난다거나 따로 전화를 한다거나 하는 건 쉽지 않았습니다. 또 SNS보다는 편지 문화가 정말 발달되어 있어서 메일로 일 처리를 하는 것을 확인했습니다. 언제나 격식을 갖춘 채 말입니다. 같은 축구팀원이 아이를 출산해서 선물을 준비했는데, 매우 놀라면서 고마워하더군요. 신기하게도 축구팀에서 선물을 준비한 사람은 저밖에 없었습니다. 겉으로 봤을 때 다들 친해 보였는데 그게 아니었습니다. 동료와 친구의 개념이 확실했습니다.

19) 돈 얘기는 NO NO

프랑스에선 돈 자랑, 차 자랑, 주식, 부동산 이야기를 들어보진 못했습니다. 그리고 자전거 도둑이 엄청 많았습니다. 정말 신기했던 게 한 번은 직장 회식이 있었는데 약 20명쯤 식당에서 모였던 걸로 기억합니다. 그런데 음식을 먹은 후 계산을 한 사람 한 사람, 이렇게 20명이 각각 계산하는 것을 보았습니다. 문화가 참 다르구나 하는 걸 느꼈습니다.

20) 자연스러움

동료 중에서 아기 아빠가 된 선생님이 계셨습니다. 하루는 아내분이 오셨는데 아기를 출산하고 모유 수유를 하고 계셨지요. 그런데 가슴을 오픈하고 사람들이 많이 있었음에도 모유 수유를 자연스럽게 하는 장면을 보았습니다. 한국에서는 그런 일이 없기에 당황스러운 상황이었지요. 그리고 아기를 출산한 지 얼마 안 되었는데, 산후조리에 신경 쓰는 게 아니라 바로 활동하시는 여성분들을 보니 정말 놀랍더군요.

21) 일요일은 문 닫아요

제가 있는 곳은 24시간 편의점이 없었습니다. 심지어 일요일에는 마트가 문을 닫았습니다. 그래서 토요일 날 꼭 장을 봐야 했습니다. 한국의 24시간 배달 시스템의 편리성이 그리워지는 순간이었습니다. 하지만 반면에 적절한 노동량에 대해서도, 노동과 휴식에 대해서도 다시금 생각해 보게 되었습니다.

22) 취미는 산책

길거리에 노래방, 피시방 이런 것들이 없었습니다. 사람들은 대부분 공원에 가 자연에서 피크닉을 즐겼습니다. 그래서 프랑스어를 배울 때,

자주 쓰는 예문으로 "당신의 취미는 무엇입니까?"라고 물으면 "저의 취미는 산책입니다." 이런 구문이 많이 나오는 걸 이해할 수 있었습니다.

23) 유럽이 축구를 잘하는 이유

왜 유럽이 축구를 잘하는지 생각해 봤습니다. 정말 자연환경이 좋았습니다. 드넓은 천연잔디, 프랑스는 입시 학원이 없기에 학생들은 학교가 끝나면 학원에 가지 않고 승마, 체조, 축구, 악기 연주 등 다양한 취미 활동을 많이 했습니다. 동네에 남자 축구팀, 여자 축구팀도 정말 많았습니다. 지역 아마추어 축구팀 경기에 사람들이 꽉꽉 차서 응원하는 모습은 정말 보기 좋더군요. 진짜 축구 선수의 길을 가는 학생들이 아님에도 마치 축구 선수처럼 생활을 하는 학생들이 정말 많았습니다.

그림 43 프랑스 조기 축구회 활동

그림 44 프랑스 동네 여자 축구팀

24) 애견 사랑 프랑스

저는 아파트에 살고 있었는데 큰 개와 함께 거주하시는 분들이 많았습니다. 희한한 것은 그런 큰 개들이 절대 크게 짖는 법이 없다는 겁니다. 엘리베이터에서 처음 큰 개를 만났을 때가 생각납니다. 처음에 큰 개를 보고 정말 깜짝 놀랐는데 주민들의 사랑을 독차지하는 것을 목격할 수 있었습니다. 그리고 하루에 개 산책을 4번씩 시키는 부지런한 프랑스인의 모습도 확인할 수 있었습니다.

25) 장애인 복지 제도

장애인 복지 제도가 정말 잘 되어 있다는 것을 느꼈습니다. 특히 축구장 등 장애인 우선석에 대한 자리 등 장애인들을 위한 복지가 잘 되어 있구나 하는 것을 생활 속에서 느낄 수 있었습니다.

26) 저렴한 미용실 찾는 법

미용실의 경우에는 프랑스인들이 하는 미용실이 아닌 아랍분들이 하는 미용실에 가면 가격이 훨씬 쌌습니다.

27) 쉼 그리고 다시 또 쉼

대부분의 분들은 삶의 태도에서 돈을 많이 벌어서 부자가 되겠다는 생각이 없었습니다. 삶의 질이 중요하고, 행복한 오늘 하루를 보내는 일이 중요했습니다. 이게 참 많이 달랐습니다. 돈에 급급하지 않고 상점 끝나는 시간이 되었을 때, 손님이 아슬아슬하게 와도 매장 문을 닫았습니다. 점심시간도 브레이크 타임을 확실히 지키고 있었습니다. 프랑스인들은 삶의 여유와 휴식이 정말 중요한 것처럼 느껴졌습니다.

28) 기술자들

프랑스인들은 대부분 기술자였습니다. 프랑스 중고 사이트에서 가구를 몇 번 구입했었는데, 판매자가 직접 하나하나 가구를 조립해서 가주시곤 하셨습니다. 자전거가 고장 나면 직접 자전거를 고치고, 자전거를 고치는 아카데미도 있고 자전거 학원도 있었습니다. 자전거 학원에서는 브레이크를 잡고 오랫동안 균형 잡는 방법부터 시작해서 실력별로 나누어 다양한 자전거 교육을 하고 있었습니다.

그림 45 중고 거래 가구를 손수 조립해주는 프랑스인

그림 46 자전거를 손수 고치는 프랑스인 1

그림 47 자전거를 손수 고치는 프랑스인 2

29) 아날로그 감성

아날로그를 정말 사랑하는 나라였습니다. 아파트 문의 경우 디지털화

가 아닌 열쇠 꾸러미를 가지고 다녀야 했습니다. 그 많은 열쇠 꾸러미를

무겁게 들고 다녀야 한다는 게 이해가 잘 되지 않았습니다.

그림 48 프랑스의 아파트 문

30) 프랑스인들은 명품을 많이 살까?

아시아 여행을 가본 분들이 생각보다 많지 않았습니다. 항공료가 비싸기 때문입니다. 실제로 일반 프랑스인들은 명품 가방을 많이 들고 다니는 것을 보지 못했습니다.

31) 캐리어보다 백팩

여행 스타일은 캐리어가 아니라 큰 백팩을 가지고 다니셨는데 여자건 남자건 엄청난 무게의 가방을 짊어지고 다니셨습니다. 그리고 혹시 기차가 중간에 멈추거나 하는 사고가 발생해도 절대 동요하지 않았습니다. 조급해하지 않는 점이 인상적이었습니다.

32) 홈파티 천국

금요일, 토요일에는 집들이처럼 가정 파티를 많이 열었습니다. 보통 선물로는 와인이나 초콜릿을 사 가는데, 문제는 장소를 옮기지 않고 한 자리에서 전식, 본식, 후식 등을 코스로 먹으며 장시간 긴 이야기를 한다는 것입니다. 물론 직접 요리를 다 해서 말입니다.

한국으로 따지면 집들이일 텐데 외식 없이 집에서 직접 음식을 만들어서 함께 나누어 먹는 걸 즐기는 프랑스인들, 아날로그 감수성을 가진 프랑스인들, 한국처럼 배달을 많이 시킨다거나 장소를 계속 이동하는 게 아닌, 한 자리에서 계속 장시간 이야기를 나누는, 정말 가족 중심적인 프랑스인들의 삶을 보았습니다.

그런데 따져보니 외식 식비가 상당히 비쌉니다. 프랑스의 경우 외식을 많이 하지 않는 이유 중 하나는 경제적인 이유도 있다는 것을 알게 되었습니다. 마트의 고기는 싸지만 외식은 비싸기 때문입니다.

33) K-POP 마니아

지역마다 K-POP 마니아들이 K-POP 커버 그룹을 결성해서 축제를 열기도 하고 뮤직비디오를 만들고 하는 길 보았습니다. 그분들의 열정은 정말 어마어마했습니다.

34) 자전거의 천국

자전거의 천국이었습니다. 상행선, 하행선 등 자전거 도로가 너무 잘 되어있고 대부분이 평지라서 자전거 타기에 정말 좋은 환경이었습니다. 대신 자전거 도둑도 엄청 많았습니다.

35) 와인

프랑스의 경우, 술자리에 안주가 풍성하지 않았습니다. 맥주를 마실 때도 어떤 분은 맥주 한 잔에 4시간 이상 이야기를 하는 경우도 있었습니다. 한국처럼 다양한 안주를 먹으면서 이야기를 나누는 경우는 많지 않았습니다. 그리고 축구 클럽에서 회식을 하는데 마지막 디저트는 케이크와 커피로 마무리하는 것도 인상적이었습니다. 역시 주류는 와인이었습니다.

36) 프랑스어는 필수

프랑스에 살려면 프랑스어를 해야 했습니다. 영어로도 여행은 가능하지만 실제 생활과 행정 일을 하려면 프랑스어는 필수였습니다.

37) 흡연자 천국

흡연자들의 천국이었습니다. 특히 축구장에서 남녀 누구나 담배를 피우는 모습을 아주 쉽게 발견할 수 있었습니다. 흡연 천국이지만 자연 공기는 좋았고 자연재해도 거의 없는 나라였습니다. 공기가 달랐습니다. 길거리에 흡연하는 분들이 그렇게 많음에도 불구하고 공기가 좋다는 것, 그리고 대자연의 느낌, 천연잔디에서 축구하는 학생들을 보면서, 드넓은 공원에서 뛰어놀고 있는 학생들을 보면서 자연이 주는 기쁨을 느낄 수 있었습니다.

학원이 없는 곳에서 생활하는 프랑스 아이들, 학교가 끝나면 정말 넓디넓은 잔디밭에서 축구를 하거나 악기를 배우거나 또는 공원으로 나가서 피크닉을 즐기는 모습이 한국과는 참 많이 달랐습니다. 한국에 돌아왔을 때 건물 한 층을 축구 학원으로 운영되는 곳을 보고 프랑스가 가진 자연환경에 대해 다시 한번 생각해 볼 수 있었습니다.

그림 49 프랑스의 맑은 공기

38) 개인주의

프랑스는 개인주의였습니다. 그리고 기본 예의가 지켜지지 않습니다. 운동 경기를 하다가 중간에 갑자기 "나 가봐야 돼." 이러면서 가는 경우가 많이 있었습니다. 그 사람으로 인해 인원수가 안 맞아도 다들 전혀 개의치 않았습니다. 운동 경기할 때 시작 시간, 끝나는 시간도 잘 지켜지지 않았습니다.

39) 무질서의 프랑스

줄서기를 잘 못 했습니다. 프랑스인들에게 질서를 발견하기 쉽지 않더군요. 특히 축구장 같은 경우 똑바로 줄서기를 하는 경우를 찾기 힘들었습니다.

40) 언어 능력자들이 많은 이유는?

대부분의 분들이 3개 국어 또는 4개 국어를 구사하는 경우가 많이 있었습니다. 학교 교육 과정상 중학교 때 이미 프랑스어, 영어 그리고 또 하나 언어를 선택해서 배우니 3개 국어를 배우고 만약 고등학교 때 또 언어를 추가하면 4개 국어가 되는 것이었습니다. 이 모든 게 학교 교육과정에서 나왔다는 것을 알게 되었습니다. 단, 완벽하지 않은 회화 가능 수준이었습니다. 하지만 그들에겐 자신감이 있었습니다. 정확한 문법을 구사하는 것에 크게 개의치 않는 모습이었습니다.

41) 느리게 살기

프랑스에서 한국의 신속성, 정확성, 친절함이 얼마나 대단한 것인지 느끼게 되었습니다. 특히 서비스센터의 경우 속도나 정확성, 친절함에서 비교 자체가 안 될 정도였습니다.

42) LP판 사랑

LP판을 아직도 굉장히 많이 듣고 오프라인 중고장터가 굉장히 활성화
되어 있다는 것을 느꼈습니다. 벼룩시장이 축제처럼 지역에서 자리를 잡
고 있었습니다. 프랑스분들은 중고 거래를 정말 좋아했습니다. 덕분에
벼룩시장 가는 게 아주 큰 재미였습니다.

그림 50 프랑스 벼룩시장

43) 일본 사랑

일본 문화를 굉장히 좋아한다는 것을 느꼈습니다. TV 방송에서도 일

본 프로그램이 정말 많았고 일본 애니메이션을 좋아하는 분들이 정말 많았습니다. 코스프레 축제도 해마다 크게 해서 많은 사람들이 축제를 즐기는 모습도 확인할 수 있었습니다.

44) 줄타기와 페땅끄

큰 공원에서 다양한 취미를 즐기시는 모습을 볼 수 있었습니다. 줄타기부터 시작해서 다양한 놀이를 하고 있는 모습을 보았습니다. 탁구, 그리고 페땅크라는 마치 한국의 구슬치기를 연상케 하는 놀이를 하는 모습을 보았습니다.

45) 예약 경쟁 NO

한국은 좋은 무료 풋살 구장이 있으면 자리 맡기가 치열한데 이쪽은 그런 곳이 많다 보니 아침에 풋살장에 가보면 사람이 없었습니다. 또 축구의 경우도 선수가 아니더라도 어릴 때부터 동네 축구 클럽에 들어가서 클럽하우스에서 생활하는 모습을 확인할 수 있었습니다. 성인의 경우에는 클럽하우스에 맥주 펍도 함께 있었습니다. 실제 축구 선수는 아니지만 그냥 봤을 때 축구 선수처럼 보이는 분들이 참 많았습니다. 어릴 때부터 일반 아이들이 이런 클럽하우스 생활을 하는 게 참 부러웠습니다.

46) 테러의 위험함

제가 있을 때도 테러 사건이 있었습니다. 언제 폭탄이 터지고 언제 테러가 일어나도 이상하지 않은, 유럽의 위험함에 대해서 다시 한번 느낄 수 있었습니다. 역에 폭탄이 발견되었다고 대피하라고 한 적도 몇 번 있었습니다.

47) 에어컨은 NO

프랑스 학교에서는 여름에 에어컨을 틀지 않았습니다. 하지만 그런 것에 익숙해서 그런지 다들 잘 생활하더군요. 대학 등록금이 한국보다 싸고 프랑스 시험에는 말하기 평가가 있는 것도 특징이었습니다.

48) 아빠 하교 시간

프랑스에서 정말 놀랐던 것 중 하나가 유치원이나 초등학교 저학년 끝날 때 아빠들이 엄청 많이 서 있는 모습이었습니다. 한국의 경우 아이 하교 시간에 직장인 아빠들이 기다리기가 쉽지 않은데, 프랑스의 경우 엄마와 함께 많은 아빠들이 자녀를 기다리는 모습도 인상적이었습니다.

49) 경계를 잇다

제가 근무한 곳은 동화 같은 마을이라고 불리는 쁘띠 프랑스가 있는 스트라스부르였습니다. 독일이 근접해있는 국경의 경계 지역에 있는 곳입니다. 알퐁스 도데의 '마지막 수업'의 배경인 곳입니다. 15분만 자전거를 타면 바로 독일이니 국경의 의미에 대해서도 곰곰이 생각해 볼 수 있었던 계기가 되었습니다. '경계란 무엇인가?' 모든 경계에는 꽃이 핀다는 함민복 시인의 시집 제목도 생각났습니다. 결국 경계로 구분되어 있지만, 또 모든 것들은 이어져 있다는 생각 말입니다.

그림 51 쁘띠 프랑스

50) 에스프레소

프랑스에 좋았던 것 중 하나는 바로 음식입니다. 음식이 저와 정말 잘 맞았습니다. 아침에는 에스프레소와 빵 오 쇼콜라나 크로와상을 먹는 그들의 문화에 어느덧 저도 빠져들어 아침을 그렇게 간단히 먹게 됐는데 나중에는 그게 더 편했습니다. 하지만 신기하게도 한국으로 돌아온 후에는 다시 아침밥을 먹어야 힘이 나는 한국 스타일로 바뀐 것도 참 신기합니다. 수많은 빵들의 종류, 세계 각국의 음식들, 프랑스에 살면서 좋았던 것 중 하나는 바로 음식이었습니다.

그림 52 프랑스 제과점

51) 집 구하기 프로젝트

집 구하기는 정말 힘들었습니다. 해외에서 살 때 가장 중요한 것 중 하나는 역시 집입니다. 프랑스에서는 제가 직접 집을 구했는데 집 구하기가 정말 어렵다는 것을 확실히 알게 되었습니다. 한국과는 전혀 다른 부동산 시스템이었고 어떤 분은 집을 구하는 데 무려 1년이 걸린 분도 계셨습니다. 다행히 좋은 분을 만나 도움을 받아 집을 구할 수 있었습니다. 동네를 지나는데 앞뒤 학교 이름들이 교과서에서 보던 위인들의 이름이어서 신기했던 기억이 있습니다. 근처 학교 이름이 마리 퀴리 고등학교, 또 조금만 더 가면 갈릴레오 학교, 이런 식이었습니다.

그림 53 프랑스 학교 이름

52) 의료는 한국

세계 어디를 가더라도 가장 중요한 건 역시 건강입니다. 프랑스는 의료 선진국으로 좋은 점이 많이 있지만 MRI를 찍으려고 하니 6개월이 걸리고 대부분 분업화되어 있습니다. 외국에서 다치면 너무 힘들다는 사실을 제대로 느꼈습니다. 아파트 안에 가정집을 개인 의료실로 만들어 일을 하시는 의사 선생님들이 계시는 것도 신기했습니다. 아파트 안에 어느 한 집이 개인병원이 될 수 있다는 사실 말입니다. 해외에 장기로 갈 경우, 아이를 동반할 경우, 의료 체계를 반드시 완벽하게 숙지하고 가야 함을 깨달았습니다. 그리고 한국의 인터넷 속도는 역시 최고라는 것을 다시 한번 느꼈습니다.

53) 음악의 날

프랑스에는 음악의 날이 있었습니다. 참으로 대단한 게 도시 전체 모든 사람들이 나와서 춤을 췄습니다. 다양한 악기의 공연들, 그리고 길거리 DJ들, 세계 각국의 저마다 다른 음악들, 아이들, 어른들 인종에 상관없이 음악이란 공통점 아래 모든 사람들이 길거리에 나와서 춤을 췄습니다. 음악과 춤은 세계의 공통 언어라는 것을 확실히 실감할 수 있었습니다. 예술은 그 모든 경계를 허문다는 사실도요.

그림 54 프랑스 음악의 날

54) 문화 이용료 저렴

프랑스에 와서 놀랐던 건 문화 시설, 스포츠 시설 이용료가 굉장히 저렴하다는 거였습니다. 한국에서 한 달에 학원비 비용이 이쪽에서는 3개월 또는 6개월 이용료에 불과했습니다. 이렇게 스포츠나 문화 시설 복지혜택은 정말 좋았습니다. 카약과 보트를 타는 것도 여름마다 인공해변에 설치되었는데 이것도 무료로 이용할 수 있었습니다.

그림 55 프랑스 무료 문화 시설

그림 56 프랑스 다양한 무료 시설

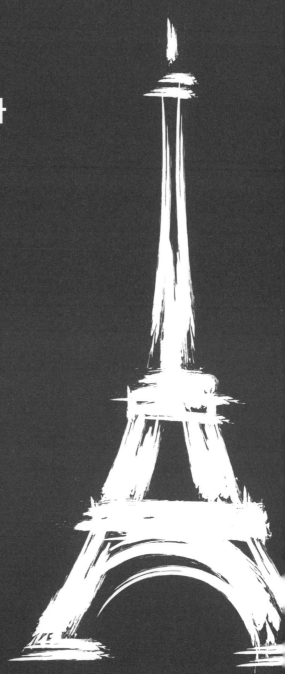

3장

해외 파견 교사
준비 방법
A to Z

교육에는 국경이 없습니다. 해외 파견 교사 생활은 다신 없을 소중한 인생의 경험이었기에 해외 파견 교사를 준비하는 분들에게 도움이 되고 싶었습니다. 해외 파견을 가면 좋은 점은 무엇일까요? 다양한 교육적 경험을 통해 교사의 글로벌 역량을 키울 수 있습니다. 글로벌 미래 인재를 양성하기 위해선 교사부터 글로벌 교사가 되어야 합니다. 그리고 파견 복귀 후 한국 학생들에게 해외 학교의 교육적 경험을 나누어줄 수 있습니다. 자녀와 함께 간다면 자녀들에게 넓은 세상을 보여주며 사고의 틀을 확장시켜 줄 수 있고 3년동안 새로운 언어도 익혀 가지고 올 수 있습니다. 교직의 터닝포인트, 아니 인생의 터닝 포인트로 해외파견교사를 추천합니다.

그럼 해외 파견 교사를 하려고 마음먹었다면 무엇부터 하면 좋을까요? 어떻게 하면 해외 파견 교사 생활을 잘 할 수 있을까요? 3장은 그에 대한 힌트를 제공합니다. 새로운 세계를 두 팔 벌려 받아들일 준비가 되어 있는 분들, 멋지게 도전하셔서 설렘으로 가득 찬 오늘을 만들고 또 다른 나를 발견하는 시간이 되었으면 좋겠습니다. 가지 않은 길, 그 길로 떠나는 아름다운 여정으로의 출발, 격하게 응원합니다.

▌ 1 ▐

파견과 초빙의 차이는?

　해외 파견 교사를 준비함에 있어 먼저 알아야 할 것은 바로 파견과 초빙의 차이입니다. 파견과 초빙은 차이가 있습니다. 뽑는 기준도 다릅니다. 이 때문에 둘의 차이에 대한 이해가 먼저 선행되어야 합니다. 저는 필리핀 단기 파견, 프랑스 장기 파견, 이렇게 해외 파견을 2회 다녀왔습니다. 먼저 파견부터 알아보겠습니다.

　파견은 단기 파견과 장기 파견으로 나눌 수 있습니다. 그럼 파견의 경우, 어디에서 정보를 얻을 수 있을까요? 다양한 기관에서 선발하지만 제가 다녀온 대표적인 경우를 소개합니다.

　〈단기 파견〉의 경우에는 아시아 태평양 국제 이해 교육원, APCEIU 홈페이지에서 그 정보를 확인할 수 있습니다. 기본적으로 영어로 설정되어 있는 것을 국문으로 전환하시고 보면 편하게 보실 수 있습니다.

〈장기 파견〉의 경우에는 교육부 홈페이지를 들어가신 후 '공고 - 교육부 - 교육부 소식 - 채용공고'에 접속한 후, 검색어에 '파견 교사'라고 치면 그동안 있었던 파견 교사 공문을 찾아볼 수 있습니다.

그럼 이제 파견과 초빙의 차이를 본격적으로 알아봅시다.

〈해외 파견〉

- 해외 파견은 교육 공무원 신분을 유지한 채 다른 곳으로 내신을 냈다고 생각하면 됩니다. 단, 근무지가 해외로 나라가 바뀌는 경우죠. 저도 필리핀과 프랑스에 파견을 갔을 때 원적교에서 교육 공무원 신분을 유지한 채 나라만 바뀔 뿐이었습니다.

- 현재 장기 파견의 경우 승진 공통가산점은 0.5점을 부여받습니다. 승진에 관심이 있는 분이라면 꼭 신경 써야 할 사항입니다. 또한 이 점수는 변동 가능성이 있으므로 항상 공문을 주의 깊게 살피셔야 합니다. 저의 경우에는 파견 시험에 합격할 당시에는 0.75점이었지만 돌아올 때 보니 점수가 바뀌었습니다. 그래서 꼼꼼하게 살피셔야 합니다. 단, 승진 공통가산점은 단기 파견은 해당하지 않고 장기 파견에만 해당합니다. 단기

파견은 승진 공동가산섬이 없습니다.

- 급여는 해외 근무지에서 받는 급여에 기존에 한국에서 호봉에 따라 받던 한국 급여를 받습니다. 고용 휴직 신분으로 떠나는 초빙보다 이 부분에서 금액이 클 수 있습니다. 그래서 파견을 선호하는 분들도 많이 있습니다. 특히 가족을 동반할 경우, 경제적인 상황이 더욱 중요하기 때문입니다.

다시 정리한다면 해외 파견의 경우, 파견된 해당 국가 소속에서 급여를 받고 기본적으로 원적교에서 기존에 받던 호봉에 따른 급여를 그대로 계속 받게 됩니다. 이점으로 인해서 해당 초빙 학교의 급여만 받는 초빙 제도보다 한 달에 받는 총액이 많을 수 있습니다. 필자의 경우 2017년 기준 호봉에 따른 월급 이외 체재비 주택비를 포함하여 한 달 265만 원 정도 받았으니 참고하시기 바랍니다.

단, 여기서 정말 중요한 점이 있습니다. 공무원 수당 등에 관한 규정 제4조에 적용받은 국외 파견공무원에게 지원 안 되는 사항이 있다는 것입니다.

바로 '정액 급식비, 시간외근무수당, 교직수당, 교원연구비'는 지원이 안 됩니다. 해외 파견 시, 또는 가기 전에 반드시 자신의 월급 명세서 내역을 세밀하게 살펴봐야 합니다. 해외 파견을 갔는데 위의 항목이 그대로 들어왔을 경우, 빨리 행정실에 연락을 취해 지급 규정을 다시 한번 확인해달라고 요청해야 합니다. 만약 그렇지 않고 3년간 계속 지급 받지 말아야 할 금액을 받는다면 파견 복귀 시에 다 환수해야 하는 상황이 발생할 수 있습니다.

- 연말정산 역시 해야 합니다.

- 성과급, 학폭 가산점도 받을 수 있습니다. 원적교 상황에 따라 등급 및 가산점 유무 차이가 있습니다. 만약 원적교에서 학폭 가산점 신청을 한 선생님이 미달일 경우에는 학폭 가산점 신청을 한 후 파견국가에서 본인이 했던 활동들을 정리해서 제출하면 학폭 가산점도 받을 수 있습니다. 이를 위해선 원적교 선생님들과 계속 소통하는 유대 관계도 중요합니다.

- 자기 실적 평가 계획서도 써야 합니다. 해마다 해당 국가에서 했던 활동들을 써서 제출했습니다. 해외 파견을 가더라도 원적교의 교무부장

님이나 관리사분 등과 주기적으로 소통하는 것이 중요합니다.

— 해외 파견은 보통 갑자기 신설되는 나라의 경우 또는 특수성이 발생할 때 선발하니 꼭 파견 공문을 잘 살피고 해당 국가와 한국 관련 국제 정세에도 관심을 기울여야 합니다. 특히 신설 학교가 생길 시에는 인원을 많이 선발할 수 있으니 미리미리 파견에 필요한 것들을 준비해놔야 합니다.

해외 파견은 이처럼 선발 인원이 정책에 따라 달라지는 변동성의 큰 단점이 있습니다. 내가 해외 파견을 준비하는 시기에 선발을 안 할 수도 있고 일부 도교육청의 경우, 아예 초빙이나 파견을 불허하는 경우도 있으니 꼭 담당 장학사님과 소통해서 정확한 정보를 미리 파악해야 합니다. 저의 경우는 장기 파견을 갈 때 국가 간 교육 사업으로 특수성이 있어서 선발 공고가 나왔습니다. 다만 언제 어떻게 공고가 나올지 모르기 때문에 해외 파견을 꿈꾼다면 꼭 미리 해외 파견 관련 이력과 자료를 준비해놔야 합니다.

— 해외 파견 교사의 기본 조건은 교육 경력 7년 이상, 외국어 만점의 6할, 한국사 3급 이상입니다. 일단 이 기본 조건을 채우는 것이 가장 중요

합니다.

〈해외 초빙〉

이번에는 해외 초빙에 대해서 알아보겠습니다. 초빙은 고용 휴직인 점
이 파견과 다릅니다. 주로 해당 학교 홈페이지에 공고가 나오는데 '재외
교육기관 포털'에서도 정보를 확인할 수 있습니다. 역시 수시로 재외교육
기관 포털 사이트에 접속해서 정보를 얻는 것이 중요합니다. 해외 초빙
의 경우, 학교마다 우대 사항이 다르지만 주로 고3 입시지도, 특례지도,
부장 경력 등을 요구하는 경우가 많습니다.

－ 해외 초빙은 한국 근무지에는 휴직하고 재외교육기관에서 근무하
며, 신분은 휴직자가 됩니다. 이점이 해외 파견과 다릅니다.

－ 휴직자 신분으로 당연히 한국 원적교에서의 급여는 없고 실제 근무
하는 초빙학교에서만 급여를 받게 됩니다. 꼭 공문을 살필 때 해당 나라
의 물가와 생활비를 고려하여 급여 및 수당을 살펴보셔야 합니다.

－ 승진 가산점은 없습니다.

휴직자이기 때문에 성과급과 학폭 가산점은 없습니다.

현재 대표 초빙교사 선발 학교 목록은 다음과 같습니다. 아래 목록을 보면 과거에 신설 학교일 경우 해외 파견으로 선발했다가 이제는 초빙으로 변한 학교 목록들을 확인할 수 있습니다. 그리고 신설 학교가 생길 때 인원을 많이 선발하므로 그 기회를 잡기 위해서는 미리 준비해야 할 것들을 갖추고 교육 소식에 계속 주의를 기울여야 합니다. 더불어 초빙학교 또한 지역 및 학교 사정상 계속 선발에 대한 변동이 있을 수 있다는 것도 유의해야 합니다.

중국 : 광저우, 대련, 무석, 북경, 상해, 소주, 연대, 웨이하이, 천진, 칭다오, 선양, 연변

동남아 : 타이뻬이, 까오숑, 하노이, 호치민, 싱가포르, 인도네시아 자카르타, 방콕, 필리핀, 말레이시아

해외 장기 파견과 다른 게 초빙의 경우, 기본 조건은 교육 경력 3년입니다. 장기 파견이 기본 경력 7년을 요구하는 데 반해서 해외 초빙은 저경력이어도 지원 가능하다는 점이 장점입니다. 단 중복지원은 안 됩니다.

2

해외 파견 교사, 목표 설정부터 확실히 하자

먼저 초빙으로 갈 것인지, 파견으로 갈 것인지 목표를 설정하는 것이 중요합니다. 초빙을 다녀와서 장기 파견에 도전할 것인지, 단기 파견을 다녀온 후에 장기 파견에 도전할 것인지, 목표부터 확실히 설정하는 것이 중요합니다. 다음으로는 재외국민 학교를 갈 것인지, 현지 외국인들을 가르치는 학교를 갈 것인지도 정해 놓는 것이 좋습니다. 또한 자녀가 있다면 반드시 자녀의 나이가 몇 살 때 가는 것이 좋을지도 미리 생각해 놓는 게 좋습니다. 해외 학교에서 다시 한국 학교로의 자녀의 적응 문제도 생각해 봐야 하기 때문입니다.

저의 경우에는 처음부터 해외 파견을 목표로 잡았고 또 한국인 학교가 아닌 외국인 학교에서 근무하는 것으로 목표를 설정했습니다. 초빙이 아닌 해외 파견으로 목표를 설정한 이유는 경제적인 이유 및 훨씬 혜택이 많았기 때문입니다. 가족을 동반해서 가는 경우 경제적인 부분도 중요한 부분입니다. 시험 과정이 보다 힘들 수는 있겠지만 해외 파견을 목표로 잡고 준비하기 시작했습니다.

아이들의 나이는 해외에서 생활을 하더라도 언어를 익히고 외국 생활에 대한 기억을 가져올 수 있는 나이로 아이들이 초등 저학년 때 외국을 나가는 것을 목표로 삼았습니다. 다음으로 한국 학교가 아닌 현지 학교로 목표를 설정했습니다. 물론 외국에서 한국 아이들을 가르치는 경험도 의미 있고 소중한 경험입니다. 하지만 한국에서와 똑같이 나이스 업무를 하는 것보다 다른 나라의 시스템, 현지인들의 학습 과정과 근무 환경 등 해외 학교의 교육적 상황에 뛰어들고 싶었습니다.

이렇게 목표를 설정한 후 도전한 결과, 필리핀 현지 공립 고등학교와 프랑스 현지 공립 국제 중학교에서 근무할 수 있었습니다. 모든 학교가 그런 것은 아니지만 특히 초빙을 가는 경우에는 학년을 걸친다거나, 학교급, 중학교, 고등학교 등을 걸치는 일도 빈번하게 일어납니다. 그러니 자신이 지원하려는 학교의 정확한 사정을 파악하는 일, 그리고 '왜 내가 외국으로 가고 싶은지'를 명확히 재정리할 필요가 있습니다.

초빙으로 가더라도 해당 학교의 교육과정을 면밀히 살피고 지역 커뮤니티 등을 통해 근무상황뿐 아닌 생활적인 부분까지 미리 고려하는 것이 좋습니다.

가장 추천해 드리는 방법은 장기 파견에 다녀오기 전 단기 파견을 먼저 다녀온 후, 자신이 해외 파견 근무에 보람을 느끼고 도전해 볼 만한 가치가 있다고 생각하는지를 확인하는 것입니다. 만약 그렇다면 그때 장기 파견에 도전해보라고 권하고 싶습니다.

3개월 또는 4개월 정도인 단기 파견에 반해 장기 파견은 기본 3년이므로 집 문제, 차 문제 등 처리해야 할 일들이 굉장히 많기 때문입니다. 가족을 동반할 경우라면 더더욱 신중해야 합니다. 특히나 자녀들이 있는 경우에는 아이들이 몇 살 때 해외에 나가는 게 좋을지도 꼼꼼히 따져보아야 하며, 외국에서 오랜 기간 거주해 본 경험이 없는 분이라면 더욱 꼼꼼하게 준비해야 합니다.

1. 선호도가 높은 나라가 있을까?

경쟁률을 파악하고 선호하는 나라를 알아보는 것은 아주 중요합니다. 가장 최근인 2023년도를 살펴봅시다. 선생님들은 어떤 나라를 선호했을까요? 초빙의 경우 중국보다 베트남, 싱가포르가 인기가 많았습니다.

다음은 장기 파견입니다. 장기 파견의 경우 파라과이, 일본 오사카, 이집트가 인기가 있었고 이란의 경우도 지원자가 있었습니다.

2. 해외 초빙 및 해외 파견을 준비하는 데 도움 되는 사이트는?

〈APCEIU 접속 아시아태평양국제이해교육원 - 공지사항 - 검색어에 '파견' 입력〉

〈국립국제교육원 접속 - 국제교육교류 - 교원해외파견(ODA)사업〉

〈국립국제교육원 접속 - 교육원알림 - 공지사항 - 검색어에 '파견' 입력〉

〈국립국제교육원 NIIED 유튜브 채널〉

〈국립국제교육원 교원해외파견사업 공식 블로그〉

〈교육부 접속 - 교육부소식 - 인사알림 - 채용공고 - 검색어에 '파견' 입력〉

〈월드프렌즈코리아 공식 블로그 - WFK 해외봉사프로그램 - 검색어에 '파견' 입력〉

〈WFK KOICA 해외봉사단 유튜브 채널〉

〈재외교육기관포털 사이트〉

〈재외국민교육기관 교사 - 네이버 카페〉

〈해외교사진출사업(해교진) - 네이버 카페〉

〈한국어교원양성과정 - 네이버 카페〉

〈인천광역시교육청 동아시아국제교육원 등 각시도교육청 국제교육원〉

3

단기 해외 파견 교사 준비 방법 10가지

그럼 이제 해외 단기 파견을 가기 위해 무엇을 준비해야 하는지 알아봅시다. 단기 파견은 10년 이상 지속되어온 교육부와 아시아 태평양 국제이해교육원의 협업 사업입니다. 먼저 단기 파견 사업의 목적부터 살펴봅시다.

단기 파견의 공문에 나온 사업 목적을 보면 다문화가정 대상 국가와의 교육 교류를 통해 양국 교사의 글로벌 교육역량 강화 및 상호 이해 증진이 목적이라 돼 있습니다. 또한, 국내 교사를 다문화가정 대상 국가에 파견하여 현지에서 교육 활동을 실시, 교사 국제교육역량 증진 및 학교 현장의 다문화 이해도 제고, 대상국의 교육 수요를 충족하는 것이 목적이라고 나와 있습니다.

실제로 이 사업 공문에 나온 2024년 파견 예정 국가를 살펴봅시다.

라오스 6명 / 몽골 10명 / 캄보디아 8명 / 필리핀 4명 / 태국 12명 / 말레이시아 10명 / 인도네시아 12명

가장 중요한 선발 방법도 살펴봅시다. 서류 및 면접 심사로 선발은 이루어지며 파견자의 수행 역할은 정규, 방과 후 수업 등에서 전담 교사, 보조교사로 활동 그리고 개별 프로젝트 수행입니다.

지원사항을 살펴보면 왕복 항공료, 체재비, 숙소지원비, 보험, 연수, 그리고 교직 수당은 미지급이며 국가 간 협력 8호 파견에 해당합니다. 현지 활동 언어는 영어인데, 라오스, 몽골, 캄보디아는 한국어-현지어 수업 통역 지원 가능이라고 적혀 있습니다.

그럼 해외 단기 파견 교사 지원 시에 미리 준비해 놓아야 할 것은 무엇이 있는지 살펴봅시다.

1. 경력 – 5년 이상(기간제 경력 포함), 전 교과 (특수 포함)

2. 가족 합의 – 단신 파견. 가족 동반 불가.

단신 파견이 조건이기에 반드시 사전에 가족 합의가 필요합니다.

3. 동료 교사 및 관리자 이해 – 사전에 미리 말해 놓기

학교마다 상황이 다르지만 단기 파견이건 장기 파견이건, 최종 합격 후에 응원받으며 기쁜 마음으로 떠날 수 있도록 사전에 관리자 및 동료 교사들에게 파견 준비 중이라는 것을 알리는 것도 중요합니다. 학교 사정상 갑작스러운 파견 합격 소식은 때로는 반가운 소식이 아닐 수도 있기 때문입니다.

4. 다문화, 세계시민 관련 이력, 교과와 문화 융합 수업, 한국 문화와 관련된 경력

– (태권도, 사물놀이, 붓글씨, 손 글씨, KPOP 댄스, 한식 요리 등)

해외에 나가는 순간 한국 전통문화와 관련된 다양한 활동들은 엄청난 장기가 됩니다.

5. 담당 교과의 전문성을 입증할 이력 및 기타 교육 관련 경력 및 활동

6. 영어 또는 현지어 외국어 능력, 공인 외국어 능력 시험 성적

7. 해외기산 경력 - 코이카, NGO 등 해외에서의 다양한 경험

8. 봉사 정신 입증할 자원봉사 경력

9. 공문 양식 그대로 자기소개서 및 수업계획안 국문 및 영문 미리 작성해보기

10. 파견 기간 중 수행하고자 하는 교과 수업 내용 및 개인 수행 프로젝트 및 귀국 후 파견 경험 활용 계획 작성해보기

단기 파견의 경우 한 번 다녀오게 된다면 장기 파견 원서에도 이전 경력으로 내용을 채울 수 있어 도움이 됩니다. 장기 파견 지원 시, 해외 학교 적응 및 국제성 부분에서도 충분히 어필할 수 있습니다.

❙ 4 ❙

장기 해외 파견 교사 준비 방법 20가지

그럼 이번에는 장기 파견을 위해 준비해야 할 것을 알아봅시다.

---

1. 교육 경력 7년 이상

2. 외국어 점수, 어학시험 만점의 6할 이상

   원서 접수 마감일 기준 역산하여 2년 이내 취득된 것이어야 하며

   영어는 – TEPS, TEPS, TEPS SPEAKING, TEPS S&W, FLEX,

   TOEFL, TOEIC

   (해마다 변동사항 있을 수 있으므로 꼭 체크 하셔야 합니다.)

3. 한국사능력검정시험 3급 이상

4. 동료 교사 및 관리자 이해 – 사전에 반드시 말해 놓기

5. 수업 전문성을 입증할 이력 만들어 놓기

6. 국제성을 입증할 이력

7. 다양한 분야의 포상 실적

8. 석사 이상의 학위면 더욱 좋다.

9. 직무연수 60시간 이상 등 다양한 연수 이수 실적

---

10. 각종 연구대회 실적

11. 한국어교원 자격증

12. 교재 집필 이력

13. 보직 교사 근무 경력

14. 정보화 관련 자격 사항

15. 해외기관 근무 경력(단기 파견을 갔다 왔을 경우 입력 가능)

16. 강의 및 연구회 활동 실적

17. 본인만의 주특기 및 특색사업 업무 경험

18. 이전 파견 공문 참고해서 해외 파견국에서의 교과 학습지도 방안 미리 써놓기

19. 이전 파견 공문 참고해서 자신의 강점과 약점 분석 미리 써놓기

20. 관리자의 추천서에 들어갈 교육활동, 업무추진, 조직 기여도, 교직원 인화 등에 대해 본인이 미리 작성해보고 자기 평가해보기

| 5 |

해외 파견국가 선택 시 고려할 점 15가지

그동안 필리핀 공립 고등학교, 그리고 프랑스 국제 중학교 이렇게 해외 파견을 두 번 다녀오면서 느낀 점을 바탕으로 해외 파견 국가를 선택할 때 어떤 점들을 고려해야 하는지 정리해봤습니다.

1) 기후 및 자연재해

필리핀에 있을 때는 평균 온도 37도의 무더위가 지속되었고, 1년에 몇 번씩 태풍이 왔습니다. 반대로 프랑스에 살 때는 공기가 너무 좋았지만 하루에 봄, 여름, 가을, 겨울이 다 섞인 듯한 변덕스러운 날씨, 그리고 겨울에는 해를 보기 힘들어 햇빛의 중요성을 정말 실감했습니다. 해당 나라의 기후 및 자연재해 등을 고려했으면 좋겠습니다.

2) 종교

종교가 없는 사람은 크게 상관이 없을 수 있지만 종교가 있다면 해당 나라의 종교도 반드시 살펴야 합니다. 필리핀의 경우에는 대부분이 카톨릭이었으나, 프랑스에 가보니 정말 다양한 종교들이 있었습니다. 라마단 기간을 꼭 지키는 학생들을 보며 많은 생각을 해보게 되었습니다. 종교적 신념이 강하고 다른 종교에 대해 본인이 얼마나 잘 이해할 수 있는지도 생각해 보는 것이 좋습니다.

3) 음식

삶에서 먹는 행복은 정말 중요합니다. 한인 마트와 한인 물품을 살 수 있는 곳이 얼마나 잘 되어 있는지, 그리고 현지 음식이 나와 잘 맞는지 점검해 봐야 합니다. 한국에도 외국 음식점이 많이 있으니, 가고자 하는 나라의 외국 음식점을 일주일간 꾸준히 가본다면 아마도 본인이 그 나라의 음식 문화에 잘 적응할 수 있을지 답이 보일 듯합니다.

4) 치안

역시 해외에서 가장 중요한 건 안전입니다. 해당 나라의 외국인 상대 범죄 실태를 파악하는 것도 중요합니다. 무엇보다 중요한 건 안전이기에 사고가 날 경우, 대처법도 잘 알고 가면 좋습니다. 미리 예방해서 나쁠 건 없으니까요.

5) 교육 시스템 및 수업 방법

이왕 파견을 가기로 마음먹었다면 본인이 배우고 싶은 본인이 지향하는 수업 형태의 교육을 하는 나라면 좋겠습니다. 해외 파견이자 동시에 크나큰 해외 연수의 기회이기에 본인이 많은 것을 얻을 수 있는 곳으로 가는 것이 좋습니다.

6) 언어

의사소통은 수업뿐 아니라 관공서 및 행정 처리 일상생활에서 정말 중요합니다. 해당 나라의 사용 언어를 살펴보아야 합니다. 외국어에 대한 인식도 다른데 프랑스의 경우, 만약 프랑스어를 못한다고 하면 바로 그럼 "영어로 말해줄게요." 이런 경우가 많았습니다. 당연히 프랑스어를 한다고 생각하고 그게 아니면 영어는 무조건 하는 것으로 인식하더군요.

7) 한국에 대한 정서

한국인에 대한 정서도 중요합니다. 한국이라는 나라가 해당 국가에서 어떤 이미지를 가졌는지는 삶의 질을 좌지우지할 수 있는 중요한 요소이므로 고려해야 할 항목입니다.

8) 병원 시스템 및 위생

외국에 살면서 아프면 정말 힘이 듭니다. 특히 유아를 동반했을 경우는 더욱 그러하죠.

해당 나라의 병원 시스템, 병원에서 진료를 받고 입원까지의 과정 등이 어떻게 되어 있는지 꼼꼼하게 대비할 필요가 있습니다.

9) 물가

경제력을 무시할 수 없습니다. 월급으로 해당 나라에서 삶이 가능한지, 현지 물가를 한국과 비교해서 한 달 살이를 가정해보고 시뮬레이션을 돌려보면 좋습니다. 특히나 3년 동안 들어갈 주택비, 생활비, 교육비 등 미리 현지 한인들의 커뮤니티를 가입해서 정보를 정리하고 가는 게 가장 좋습니다. 특히 자녀가 있는 경우, 어떤 학교를 입학시키고 어떤 프로그램을 시킬 것인지 계획해놔야 합니다.

10) 문화 적응력

나는 얼마나 유연한 사고와 행동력을 갖추었나 꼭 따져보아야 합니다. 해외 파견을 가면 해당 나라의 전통적인 것을 시켜보는 일이 많습니다. 이것들을 계속 거부하면 당연히 그분들 입장에서 기분이 좋을 수 없습니다. 과연 나는 해당 문화에 대해 유연하게 대처할 수 있을지, 자가 진단도 필요합니다.

11) 역사 의식

해외 파견을 가게 되면 한국의 역사 공부를 다시 하게 됩니다. 해외에서 받는 한국에 대한 질문들, 우리가 TV 프로그램에서 외국인들이 나오면 마치 그분들이 해당 나라의 전문가인 것처럼 수많은 질문을 쏟아내듯이 말입니다. 한국의 문화와 역사에 대한 공부는 많이 할수록 좋습니다. 한국에 대해서 더 깊고 더 자세히 공부하고 가야 올바른 역사와 문화를 그들에게 알려줄 수 있습니다. 그리고 한국과 해당 나라의 역사적 실타래도 미리 자세히 알고 난 후에 파견 국가를 선택해야 합니다.

12) 현지 사정

국제 정세는 계속 변합니다. 어떻게 변할지 모르기 때문에 국제 뉴스는 꼭 살펴야 합니다. 그리고 내가 파견 가는 지역의 뉴스도 반드시 살펴야 합니다. 해당 지역에서 어떤 일이 일어나고 있는지 파악하는 것은 매우 중요합니다.

13) 주특기

내가 가진 주특기가 있다면 그것이 과연 해당 나라에서 잘 통할지도 생각해 봐야 합니다. 이왕이면 자신의 주특기가 잘 통하는 곳이 좋겠죠.

14) 멘탈과 한인사회

해외 파견에서 역시 가장 중요한 건 자신의 마음을 다스릴 줄 아는 멘탈 관리입니다. 이게 잘 안된다면 외국 생활이 때론 한국에서 생활할 때보다 더 힘이 듭니다. 생각보다 좁은 교민사회에서의 활동, 그리고 해당 지역의 한인사회 한인교회, 한글학교 등 외국인과 한국인들 사이에서 멘탈을 지키는 것이 가장 중요합니다. 해당국의 한인사회의 흐름도 미리 파악하면 좋습니다. 평화로운 지역에 발령이 난다면 삶의 질은 높아질 것이지만 그렇지 않을 경우, 생각지도 못한 힘듦이 찾아올 수 있습니다.

15) 국민성

나라별로 삶의 태도는 정말 다릅니다. 공동체 정신이 강한 나라가 있는가 하면 개인주의가 강한 나라도 있습니다. 어떤 나라는 극 E(외향성)가 많고 어떤 나라는 극 I(내향성)가 많은 나라처럼 느껴집니다. 본인의 성격과 가장 어울리는 나라를 선택하는 것도 중요합니다. 해당 나라의 국민들 성향도 파악해보면 좋습니다.

　무려 15가지나 고려할 점을 적었지만 사실 이것들 중 본인이 가장 신경 쓰이는 몇 가지를 고려하면 됩니다. 모든 걸 다 만족시킬 수는 없습니다. 부딪히고 겪어보면서 이겨내고, 또 적응하고 그러면서 삶의 다양한 방면을 배우고, 그동안 소중했던 것들에 대해서도 다시 한번 생각해 봐야 합니다. 실제 해외 파견을 나가보니 한국이 주는 엄청난 장점들도 다시 한 번 느낄 수가 있었습니다.

　잊고 있었던 일상의 소중함을 느끼고 더불어 특별한 경험의 해외 파견 생활, 이것들을 결합하여 해외에서 경험한 것들 중 좋았던 것들을 한국 교육에 녹여내는 것도 좋습니다. 어찌 됐건 해외 파견은 종합 선물 상자 같은 특별한 선물이었습니다.

6

해외 파견 학교 목록 선발 인원 및 국가 정리

해외 파견국가 역사의 흐름과 해마다 선발 인원이 어떻게 변화해왔는지 정리해봤습니다.

역대 파견 국가 및 학교 목록

- 러시아(모스크바)
- 이집트(카이로)
- 이란(테헤란)
- 브라질(상파울로)
- 일본(교토), 일본(금강), 일본(건국)
- 중국(선양), 중국(연변), 중국(대련), 중국(광저우), 중국(웨이하이)
- 아르헨티나
- 파라과이
- 사우디아라비아
- 프랑스
- 캄보디아(프놈펜)

해외 파견 국가 및 선발 인원 정리 (2015-2024)

〈2015 파견 – 총 5명. 초등 5명〉

러시아(모스크바 초등 1명), 이집트(카이로 초등 1명), 이란(테헤란 초등 1명), 브라질(상파울로 초등 2명)

〈2016 파견 – 총 42명. 초등 26명, 중등 16명〉

러시아(모스크바 초등 2명), 이집트(카이로 초등 4명), 브라질(상파울로 초등 1명), 일본(교토 중등 1명) 일본(금강 초등 1명, 중등 2명), 일본(건국 초등 2명, 중등 1명), 중국(선양 초등 1명, 영어전담 3명, 중등 3명), 중국(연변 초등 3명, 중등 9명) 아르헨티나(초등 5명), 파라과이(초등 3명), 사우디아라비아(초등 1명)

〈2017 파견 – 총 25명. 초등 14명, 중등 11명〉

러시아(모스크바 초등 1명), 이란(테헤란 초등 2명), 브라질(상파울로 초등 1명), 일본(교토 중등 1명), 일본(금강 초등 1명, 중등 1명), 일본(건국 중등 1명), 중국(선양 초등 3명, 중등 6명), 중국(연변 초등 4명), 파라과이(초등 1명), 사우디아라비아(젯다 초등 1명), 프랑스(중등 국어 1명, 수학 1명)

〈2018 파견 − 총 33명, 초등 12명, 중등 11명〉

러시아(모스크바 초등 1명), 이집트(카이로 초등 1명), 이란(테헤란 초등 1명), 중국(선양 중등 1명), 중국(연변 중등 1명), 아르헨티나(초등 1명), 사우디아라비아(젯다 초등 1명, 리야드 초등 1명), 중국(웨이하이 초등 6명, 중등 9명)

〈2019 파견 − 총 34명, 초등 20명, 중등 14명〉

러시아(모스트바 초등 1명), 이집트(카이로 초등 4명), 일본(교토 초등 1명), 일본(금강 초등 1명, 중등 1명), 일본(건국 초등 1명), 중국(선양 초등 4명, 중등 3명) 중국(연변 초등 2명, 중등 9명), 아르헨티나(초등 2명), 파라과이(초등 3명), 사우디아라비아(젯다 초등 1명), 중국(웨이하이 중등 1명)

〈2020 파견 − 총 34명, 초등 16명, 중등 18명〉

러시아(모스크바 초등 2명), 이란(테헤란 초등 2명), 일본(교토 중등 1명), 일본(금강 초등 1명), 중국(선양 초등 3명, 중등 5명), 중국(연변 초등 4명), 아르헨티나(초등 1명), 사우디아라비아(젯다 초등 1명, 리야드 초등 1명), 중국(웨이하이 초등 1명, 중등 4명), 중국(대련 중등 5명), 중등(광저우 중등 3명)

〈2021 파견 - 총 7명, 초등 7명〉

이집트(카이로 초등 1명), 이란(테헤란 초등 1명), 파라과이(초등 2명), 사우디아라비아(리야드 초등 1명), 캄보디아(프놈펜 초등 2명)

〈2022 파견 - 총 16명, 초등 15명, 중등 1명〉

이집트(카이로 초등 4명), 일본(교토 중등 1명), 일본(금강 초등 2명), 아르헨티나(초등 2명), 파라과이(초등 2명), 사우디아라비아(리야드 초등 1명), 캄보디아(프놈펜 초등 4명)

〈2023 파견 - 총 5명, 초등 5명〉

이란(테헤란 초등 1명), 아르헨티나(초등 2명), 파라과이(초등 1명), 사우디아라비아(젯다 초등 1명)

〈2024 파견 - 총 8명, 초등 5명, 중등 3명〉

이집트(카이로 초등 1명), 이란(테헤란 초등 1명), 일본(교토 중등 1명), 일본(금강 중등 2명), 파라과이(초등 3명)

교육부 해외 파견 교사 선발의 역사 중 주목할 만한 점을 요약해봅니다.

2016년 예정 파견 교사 선발 – 42명으로 가장 많은 숫자 선발

2017년 예정 파견 교사 선발 – 국가 간 교육협력 사업으로 프랑스 전국

국어 1명, 수학 1명 선발

2018년 예정 파견 교사 선발 – 중국 웨이하이 학교 신설

2021년 예정 파견 교사 선발 – 캄보디아 프놈펜 학교 신설

파견에서 초빙으로 바뀐 학교 추측

〈러시아 모스크바, 브라질 상파울로, 일본 건국, 중국 선양, 연변, 광저

우, 대련〉

최근 3개년 분석 파견 선발 국가

초등 – 러시아, 이집트, 이란, 아르헨티나, 파라과이, 사우디아라비아,

캄보디아

중등 – 일본 교토, 일본 금강

7

해외 파견 학교 우대조건 정리

이번에는 앞으로도 계속 선발할 가능성이 높은 최근 3개년 해외 파견 학교별 우대조건을 정리해 봤습니다. 무엇보다도 해당 학교에서 원하는 우대 조건에 부합하는 게 가장 중요합니다. 우대 조건은 학교 상황상 관리자가 바뀌는 등, 해마다 바뀔 수 있습니다. 하지만 학교의 특색 사업이 유지된다는 가정하에 우대 사항을 미리 준비하는 것도 도움이 될 수 있습니다. 다양한 능력을 미리 갖추어놓으면 도움이 될 거라 생각합니다.

〈이집트(카이로) 우대 조건 정리〉

풍물놀이(사물놀이) 지도 가능한 자, 영어회화가 가능하고 영어교육에 전문성을 가진 자, 토요 한글학교 봉사 가능자, 교무, 교육과정 업무 경력자, 국악 지도 경력자, SW 교육에 전문성을 가진 자, 영어회화가 가능하고, 영어교육에 전문성을 가진 자

〈이란(네헤란) 우대 소건 정리〉

독서교육, 글쓰기 교육에 실적이 있는 자, 다양한 업무 경험자(정보, 환경개선 등), 목공예 수업이 가능한 자, 음악(악기)지도 분야에 경력 및 기능이 있는 자, 다양한 업무 경험자(정보, 환경개선 등), 부장 경력이 있는 자

〈일본(금강) 우대 조건 정리〉

교수 학습지도 우수자 및 연구 능력 우수자, 일어 회화 및 영어 회화 가능한 자

〈아르헨티나 우대 조건 정리〉

사물놀이 및 문화 예술 분야 지도 및 활동자(중점 우대), 세계시민교육, K-POP 지도 가능자, 교육 과정 기획 및 부장교사 경력, 과학교육 및 진로 정보 지도 및 활동자, 세계시민교육 지도 가능자, 교육과정 기획 및 부장교사 경력

〈사우디아라비아 우대 조건 정리〉

젯다 – 세계시민교육(국제 이해) 유경험자, 다문화 교육 경험자, 재외교

육기관 근무 유경험자, 부장교사 다경력자, 과학 및 정보화 교육 우수자,

교수 학습 및 학생 생활 지도 우수자

리야드 – 영어회화 가능자, 영어학습지도 유경험자, 부장교사 경력자,

교수 학습 및 학생 생활 지도 우수자

〈파라과이 우대 조건 정리〉

수업 연구 대회, 정보화 대회, 과학전람회 등의 참가 및 수상 경력자 우

대, 수업에 열의가 있고 학교 발전에 기여할 수 있는 자, 보직 교사 경력,

사물놀이 및 전통무용 지도 가능자, 교수 학습지도 및 연구 능력 우수자

〈캄보디아 우대 조건 정리〉

프놈펜 – 업무부장 경력 및 담임 경력, 원어민 관련 업무 수행 가능한

자, 의사소통 능력, 전산 정보 및 체육 관련 업무 가능한 자, 긍정적인 마

인드와 다문화 교육 이해도가 높은 자

〈일본 교토 우내 소선 성리〉

교수학습지도 및 연구 능력 우수자, 일본유학이나 일본에서 활동한 경험

이 있는 자, 대학 진로 지도 및 입시상담경험이 있는 자

8

초빙 및 해외 파견 교사 면접 예상 질문 184문제

이번에는 초빙 및 파견 면접 기출 및 예상 질문 모음입니다. 면접의 경우에는 초빙 파견 상관없이 최대한 많은 문제를 뽑아 놓고 연습하는 것이 중요합니다. 특히 최근 교육적 뉴스나 국제 정세, 해당 학교와 현지 사회의 지역 커뮤니티를 통해 현지 사정을 파악하고 스스로 문제를 만들어 보는 것도 중요합니다. 장기 파견의 면접 형태는 개별 심층 면접입니다.

지원서를 작성하실 때부터 다음 항목에 맞게 작성하셔야 면접까지 자연스럽게 준비할 수 있습니다. 다음 항목에서 자신이 한 활동을 작성해 보고 강점과 부족한 부분이 무언인지 자기평가 해보며 면접 준비를 하시는 게 좋습니다. 그리고 그 항목은 다음과 같습니다.

〈공직 적격성〉
공무원으로서의 기본자세 및 봉사 정신, 적극적 업무추진 등

〈전문성〉

파견 국가의 특성 이해, 교육 전문성(학생상담 · 교육 기획 등), 교육행정력, 교육 분야 국제교류 협력, 재외동포 교육정책에 대한 이해 및 준비 등

〈인성〉

선한 품성 및 대인관계 역량, 타인에 대한 존중 및 배려 등

〈국제성〉

글로벌 마인드 및 스탠다드 구비 정도, 적절한 해당국 언어표현 능력 등

〈리더십〉

관계 · 갈등 관리 역량, 문제해결 · 봉사역량, 대외 협력 · 개척 역량 등

기출 문제 및 예상질문이며 어떤 질문이 영어 또는 해당국 언어로 나올지는 모릅니다. 저의 경우 프랑스 장기 파견 면접을 볼 때, 영어뿐 아니라 프랑스어 면접까지 같이 봤고 특히 상황 면접에도 대비해야 합니다.

해외 파견 교사 **면접 준비** 방법

- 기출 면접 문제를 갖고 꼭 모의 면접 테스트해 보기
- 각 학교 우대 사항 반드시 살펴보고 준비하기
- 학교 홈페이지 들어가 보기, 지역사회 한인 커뮤니티 들어가서 정보확인
- 학교 교육과정을 다운받아 읽어보면서 기출 문항 만들어보기
- 이전 년도 학교 연간계획표 특색 사업 파악해 보기
- 학교 관련 기사, 신문 및 미디어 살펴보기
- 현재 개정 교육 과정 교육 기본 방향 숙지하기
- 본인이 쓴 자소서 및 지원서를 읽어보며 기출 문항 만들기
- 읽어보며, '평가 요소' 별로 기출 문항 만들기

해외 초빙 및 면접 예상 질문 모음 184문제

1. 자기소개와 지원 동기를 말하시오.

2. 본인 교과 수업 운영을 어떻게 할 것인지 말해보시오.

3. 교사 간, 예를 들어 초, 중등 간 문제 발생 시, 대처 방안을 말해보시오.

4. 평가 후 학부모 민원 발생 시, 대처 방안을 말해보시오.

5. 자신의 장점을 말해보시오.

6. 내가 생각하는 교사상, 학생상을 말해보시오.

7. 특수학급 실지의 목석과 설지를 위해 무엇이 준비되어야 하는지 말해 보시오.(특수)

8. 학교폭력 자치위원회 열릴 만한 일이 아닌데 학부모가 계속 요구하면 어떻게 할 것인가?

9. 6학년 담임 지원이 없어 늘 고민인데 어떻게 해결할 것인가?

10. 문제 학생이 있을 경우, 지도 방안 및 학부모와의 갈등 해결 방안은?

11. 주말이나 방학 때 학교에 나와야 되는 경우가 생길 수 있는데 그래도 나올 수 있는지?

12. 자신의 교육적 강점은?

13. 동료 교사가 일을 많이 벌이는 것을 좋아하는데 이것이 자신의 성향과 다른 경우 대처 방안은?

14. 자신이 꼭 이 학교에 오고 싶은 이유는?

15. 기초 문해력 학습 지도 방안은?

16. 다문화 및 현지 외국인들과의 동화 및 교사들과의 상호 교류 계획은?

17. 동반 가족 여부는?

18. 폭력적인 학생을 지도해 본 경험과 그 학생에 대한 중재 방안은?

19. 본 학교의 부족한 점과 개선 방안은?

20. 한 학급에 몇 명이 적정 인원이라고 생각하는가?

21. 교육 경력 동안 가장 힘들었던 점은?

22. 많은 학교 중 이 학교를 선택한 이유는?

23. 지원 동기, 남들과 다른 나의 강점 및 약점은?

24. 다문화 경험, 한국 문화 교육 방법은?

25. 현지 학교 또는 협력 교사와의 충돌 시 대처 방법을 말해보시오.

26. 자신이 구상하는 체험학습 형태는?

27. 진짜 파견의 목적은?

28. 초빙 교사를 외교관이라고 하는 이유는?

29. 대한민국 헌법의 정신이 의미하는 것은?

30. 학교 구성원이 업무 추진을 규정이 아닌 관행대로 하고 있을 때, 본
    인은 어떻게 대처할 것인가?

31. 해당국 언어로 자기소개를 해보시오.

32. 요즘 사회에서 협업과 배려가 중요한 이유와 학생들에게 교육하는
    방법은?

33. 수업 시간 산만한 학생 지도 방법은?

34. 행정실과 협조해서 업무를 잘 할 수 있는 방안은?

35. 교사가 갖추어야 하는 기본 태도는 무엇인가?

36. 한국인 정체성 교육, 세계 시민 교육 방안은?

37. 교과 이외 하고 싶은 교육 활동은?

38. 본교 지역 교육 발전에 기여할 수 있는 방법은?

39. 자신을 표현하는 단어는?

40. 학생들에게 반드시 가르치고 싶은 것은?

41. 자신이 학교에 기여할 수 있는 부분은?

42. 학생들을 데리고 체험학습을 간다면 가고 싶은 장소는?

43. 특례 토플 등 지도 시 중점 사항과 방과 후나 방학 기간의 수업 가능

   여부는?(영어)

44. 본교 교육 과정의 좋은 점과 개선점은?

45. 관리자와 의견 충돌 시 대처 방안은?

46. 방과 후 수업 계획안은?

47. 학생 자치 업무 활성화 방안은?

48. 자신에게 의미 있는 시는?

49. 생활지도에 관한 자신의 생각과 노하우는?

50. 학교 내 교사 자녀의 특혜 의혹이나 갈등 상황 시 대처 방안은?

51. 경제적인 부분 해결 방안은?

52. 교민사회가 좁은데 아이와 같은 학교 다닐 시, 발생할 수 있는 갈등

   상황 대처 방안은?

53. 지원 학교 교육과정에서 교육 방향과 목표는?

54. 자신이 생각하는 이상적인 학생상, 교사상, 학교상은?

55. 현재 학교 역점 사업 및 특색 사업은?

56. 2022 개정 교육과정 중점 사항은?

57. 생활지도 시 갈등을 겪었던 경험과 해결 방법은?

58. 지원 학교 특색 교육 목표를 설명하시오.

59. 본인이 생각한 수업 방법을 어떻게 전개할 것이며 어떤 교육관을 가지고 임할 것인지 말하시오.

60. 원어민 선생님과의 충돌 시 해결방안을 말하시오.(영어)

61. 현장 체험 학습으로 2일 이상 출장이 있을 경우, 자녀를 어떻게 할 것인지 말해보시오.

62. 지원을 하면서 본인이 특별히 준비했던 것은?

63. 동서양 고전 중에 기억에 남는 책을 소개해보시오.

64. 베트남에서 축구 열기가 높은 이유는?

65. 자신의 건강 상태에 대해 말해보고 건강 관리를 하는 방법을 말해보시오.

66. 교사로서의 철학은?

67. 수학 학습의 필요성을 설명하시오.(수학)

68. 선생님의 열정이 지원 학교에서 어떻게 적용 가능한지 말해보시오.

69. 재외학교와 한국 학교의 시스템이 다른데 특히 휴가 일수에서 차이 나는 부분에 대해 어떻게 생각하는지 말해보시오.

70. 나만의 국가관에 대해 말해보시오.

71. 업무 분장으로 인해 교직원들과의 마찰이 있었던 경험을 말해보시오.

72. 수업 시간에 따돌림당한 학생 발견 시 조치 방법은?

73. 수업에 참여하지 않는 학생들의 참여 독려 방안은?

74. 본교과 및 다른 교과를 가르칠 수 있는 과목은?

75. 교육은 ○○○이다. 한마디로 표현하고 그 이유를 설명해보시오.

76. 고3 지도 경험과 부장 경험을 말해보시오.

77. 수학을 싫어하는 학생을 지도하는 자신만의 노하우는?

78. 미대 특례입학 원하는 학생들을 위한 지도 방법은?

79. 낯선 환경에서 잘 적응했던 사례를 말해보시오.

80. 교사 중심 수업이 아닌 학생 중심 수업을 어떻게 구현할 것인지 말해 보시오.

81. 학생 중심 수업과 프로젝트 중심 수업의 차이를 말해보시오.

82. 본인이 1년에 쓴 조퇴와 병가 횟수는?

83. 폭력적인 장애아동을 지도한 경험과 지도 방법은?

84. 통합 담임이 장애 아동을 특수학급으로 계속 내려보내려고 할 때 대처 방법은?

85. 학부모의 과잉 요구에 대처했던 방법은?

86. 학교 행사와 가족 행사가 겹쳤을 경우, 어떻게 행동할 것인가?

87. 개정 교육과정에서 강조하는 핵심 역량은?

88. 해외 생활에 잘 적응할 수 있음을 증명하는 사례는?

89. 학교 유형(일반고, 특목고, 특성화고)에 따라 수업 방식을 어떻게 달리했는지 말해보시오.

90. 성공적인 교사로서 필요한 5가지 능력을 말해보시오.

91. 해외 학교의 다양한 구성원 사이에서 발생하는 갈등을 어떻게 해결할 것인가?

92. 회계에서 중요하게 생각하는 것은?(행정직)

93. 규정이나 지침이 없는 지시를 받았을 경우, 어떻게 할 것인가?

94. 진짜 지원 동기는?

95. 학교에서 강조되는 자율성, 본인에게 자율적으로 맡긴다면 하고 싶은 것은?

96. 재외 한국 학교에서 가장 중요하다고 생각되는 두 가지는?

97. 도서관 활용 교육과 독서 교육 방법은?

98. 본교 교육 과성 중 가장 잘되고 있다고 생각하는 것 3가지, 미흡하다고 생각하는 것 3가지는?

99. 미흡한 것을 어떻게 발전시킬 것인지 3가지 이야기해보시오.

100. 본인의 우선순위는 가족인가 학교인가?

101. 가족 여행을 계획해서 티켓도 예약했는데 갑자기 학교에 일이 생겨서 연락이 왔다면 어떻게 하겠는가?

102. 늦게 퇴근할 때 자녀의 아이 양육 방법은?

103. 최근에 받은 연수 중 가장 기억에 남는 것과 그 이유는?

104. 동아리를 활용해서 문화 예술 행사에 어떻게 참가할 것인가?

105. 미술을 싫어하는 학생 지도 방법은?

106. 미술 수업 시 가장 재밌었던 수업 경험은?

107. 특례 입학에 대해서 본인이 아는 사항을 말해보고 어떻게 지도할 것인가?

108. 본인이 평가 기준안을 작성하는 방법은?

109. 본인 교과의 초등, 중등, 특수학교 교육과정 차이는?

110. 월급에 비해 전세 및 물가가 많이 비쌀 텐데 준비가 되어 있는지?

111. 생활지도 측면에서 학생과의 신뢰감과 친밀감 형성이 중요한데 자신의 노하우와 생활지도 방안은?

112. 자신의 자녀가 학폭 사안으로 전학이나 퇴학 조치를 받았다면 어떻게 할 것인가?

113. 본인이 행사를 하나 기획해야 한다면 하고 싶은 것은?

114. 재외국민 자녀의 교육 중요성이 증대되고 있는데 그 이유 두 가지는?

115. 교과 지도 말고 할 수 있는 것은?

116. 내가 재외학교 교장이라면 어떤 사람을 뽑을 것인가?

117. 학부모가 내 수업 방식에 불만을 표시한다면 어떻게 할 것인가?

118. 방과 후 수업과 방학 중 근무를 요구한다면?

119. 한국 국제학교는 초중고가 복잡하게 얽혀 있는데 갈등 문제를 어떻게 해소할 것인가?

120. 다문화가정 부모님과 소통방법은?

121. 학습 편차를 해결하기 위한 방법은?

122. 창의적 글로벌 인재를 양성하기 위한 학급 특색 교육방법은?

123. 저경력인데 조금 더 경력을 갖추고 오는 것에 대해 어떻게 생각하는가?

124. 유초등에 비해 중등이 상대적으로 업무가 많은데 각오는 되어 있는가?

125. 한국 교육의 한계와 해결 방법은?

126. 외국 교육기관의 장점과 단점은?

127. 논술지도 관련 지도 방법을 말해보시오.

128. 교직 생활 중 가장 보람 있었던 일은?

129. 인성 지도와 학력 향상 중 본인이 더 강조하는 것은?

130. 학급 운영에서 가장 중점을 두는 부분은?

131. 특례 입학을 위한 자신만의 지도 방안은?

132. 담당 부서에서 학교 행사나 관련 업무에 기여해 성과를 올린 부분이
    있는가?

133. 근무시간 이외 나머지 여유시간에 하고 싶은 것은?

134. 기후가 무척 더운데 기후 적응도는?

135. 현지 한국 기업의 축소와 교민이 줄고 있는데 본인의 생각은?

136. 한국을 알릴 수 있는 자신만의 특기는?

137. 학교에서 재정난이 생긴다면 인원 감축과 봉급 삭감으로 인한 고통
    분담 중 어느 것이 좋다고 생각하는지와 그 이유는?

138. 영어 이외에 할 수 있는 언어는?

139. 집필해본 경험은?

140. 해외 학생들의 천차만별 성취도와 수준차를 극복할 수 있는 방안은?

141. 다른 교과에 비해 자신의 교과가 가진 장점은?

142. 학생들의 영어 수준이 매우 높은데 잘 가르칠 자신이 있는지?

143. 한국인으로서 정체성을 심어주는 방안은?

144. 행복이란 무엇이라고 생각하나요?

145. 본인만의 스트레스 관리법과 건강 유지비법은?

146. 해외에서 겪는 외로움을 극복할 수 있는 방법은?

147. 중, 고등 과정을 한꺼번에 가르칠 수 있는지?

148. 가장 최근에 읽은 책은?

149. 승진을 생각한다면 고용 휴직에 따른 손해가 있을 수 있는데 이에 대한 생각은?

150. 다 끝내지 못한 일이 있다면 학교에서 남아서 근무하는 편인가?

151. 건강검진을 제외하고 병원에 다녀도 되지 않을 정도로 건강한 편인가?

152. 한국 학생과 외국 학생의 싸움이 날 경우, 해결 방법은?

153. 영어 수준이 낮은 학생들이 많은데 지도 방법은?

154. 영어 교사의 발음에 대해 학생들이 컴플레인을 걸 경우, 대처 방안은?

155. 학생들이 영어 실력이 월등히 높은데 SAT 대비 수업이 가능한지?

156. 글로벌 인재에게 필요한 역량은 뭐라고 생각하는가?

157. 총 교직 경력 중 결근은 며칠 했는지?

158. 한국의 해당 교과목에 대한 자신의 생각은?

159. 돌발상황 시 유연하게 대처했던 자신의 사례는?

160. 업무가 나에게 과다할 경우 어떻게 할 것인가?

161. 다문화가정의 아이 정체성 혼란 어떻게 지도할 것인가?

162. 학부모 민원 발생 시 대처 방안은?

163. 인화 위주의 교장 선생님과 과업 위주의 교장 선생님 중 선택한다면?

164. 나는 인화형인가 과업형인가?

165. 부장을 하게 된다면 관리자와 교사 사이에서 어떤 역할을 할 수 있는가?

166. 학생들의 인성교육 지도 방안은?

167. 교장 선생님과 학부모 사이의 의견이 상충될 시 대처 방안은?

168. 교민사회는 좁은데, 교사로서 어떻게 생활할 것인가?

169. 자신을 나무에 비유한다면? 또는 닮고 싶은 나무는?

170. 한국의 역사를 반만년 역사라고 하는 이유는?

171. 교직 생활 중 가장 힘들었던 시기와 극복 방법은?

172. 자신이 반드시 뽑혀야 하는 이유는?

173. 학생 지도 시 가장 주안점을 두는 부분은?

174. 수준차가 나는 학생들을 지도하는 방법은?

175. 아이들과 처음 만났다고 가정하고 3분 동안 훈화를 해보시오.

176. 본인이 봤던 학교의 리더 중 최악의 리더 유형과 갈등이 있었을 때, 어떻게 해결했는지 말해보시오.

177. 학생과 유대감 형성을 빨리할 수 있는 자신만의 방법은?

178. 자신의 인생 좌우명을 말해보시오.(한 단어로)

179. 영어 전담과 담임 중 선호하는 것은?

180. 영어의 4가지 기능 중 가장 중요하다고 생각하는 것은?

181. 지원한 학교의 전교생 학생 수를 말해보시오.

182. 갈등 상황 시 바로 덮어버리는 스타일인가? 아니면 바라보는가, 또는 해결하는가?

183. 재외 한국 학교 역사 인식과 관련된 수업 방향과 생각은?

184. 마지막으로 하고 싶은 말은?

단기 파견 면접 후기

이번에는 단기 파견 면접 후기를 들려드립니다. 단, 아시아태평양 국제이해교육원의 단기 파견장 면접 분위기와 교육부 장기 파견 면접장의 분위기는 분명 차이가 있음을 알려드립니다.

아직도 그때의 기억이 생생히 납니다. 단기 파견 면접 날이었습니다. 아침에 학교에 출근했습니다. 관리자에게 보고를 한 후 면접 장소로 가기 위해 기차에 올라탔습니다. 기차가 서울로 향하는데 갑자기 이대로 가면 떨어지겠다는 생각이 들었습니다. 불안감이 밀려오더군요. 영어 면접에서 다른 지원자보다 내가 부족하지 않을까 하는 생각이 들었습니다.

어떻게 해야 할까, 고민을 하다가 갑자기 '한복'을 빌려야겠다는 생각이 들었습니다. 한국 문화와 한국어 수업을 해야 하는데, 면접관들에게 확실한 인상을 심어주자는 생각에 도달했습니다. 바로 면접 장소 근처에 있는 한복 대여점에 전화를 했습니다. 그런데 생각보다 가격이 꽤 나가더군요. 몇 시간 빌렸다 다시 반납임에도 불구하고 가격이 생각보다 비쌌습니다.

여기서 다시 내적 갈등이 시작되더군요. 이것에 돈을 쓸 것이냐, 말 것이냐, 그런데 생각해 보면 이것으로 합격의 문에 좀 더 가까이 갈 수 있다면 그것은 결코 비싼 금액은 아니었습니다. 결국 한복을 빌려 입고 면접 장소로 향했습니다. 대부분의 지원자 분들은 역시나 말끔한 정장 차림이었습니다. 다들 저를 힐끗힐끗 쳐다보더군요. 그런데 이상하게 기분은 좋았습니다. 드디어 면접 순서가 되었습니다.

첫인상, 모든 것은 첫인상이다. 라는 자기 암시를 한 후 면접장에 들어갔습니다. 그런데 면접관들이 저를 보고 웃어주셨습니다. 여기서부터는 더욱 자신감이 생기더군요. 어떻게 한국어 수업을 할 거냐는 면접관의 질문에 「엄마야 누나야」 제가 평소 좋아하던 김소월 시인의 시를 노래로 불렀습니다. 노래를 부르고 한복을 입고, 이론이 아닌 실제적인 것을 함께 하는 수업을 해보겠다고 말씀드렸습니다. 이것 때문이었는지는 모르겠습니다. 면접장 분위기는 따뜻했고 웃음이 있었습니다. 결국 저는 면접에 합격해서 단기 파견을 다녀올 수 있었습니다.

그림 57 다문화 지원 대상 국가 단기 파견 면접

그림 58 다문화 지원 대상 국가 단기 파견 면접

┃ 9 ┃

해외 파견 교사 준비 방법 A to Z

– 해외 학교를 가고 싶은 목표 구체적 설정, 시기와 나라, 학교 정하기

　(단기 파견, 장기 파견, 초빙 중 어느 것으로 갈지도 설정)

– 해외 장기 파견의 경우, 서류 제출 기본 조건 미리 준비해 놓기

　(교육 경력, 어학, 한국사 자격증)

– 역대 초빙 및 파견 합격 후기 숙지 + 나라별 학교별 특징 파악

　(학교 홈페이지 수시로 검색, 지역 사회 커뮤니티 통해 정보 획득하기)

– 학교에서 원하는 인재상, 우대 조건 파악 필수

– 역대 파견 역사 살펴보며 파견 예정 시기 추측 및 해당 학교 이메일 또

　는 전화로 질의응답 등 소통 시도하기

– 각 학교 공고문 지원서 및 자기소개서 미리 작성해 보고 자신의 강점

　약점 파악하기

　(파견의 경우 교육부 홈페이지 이전 채용공고 확인하여 제출 서류를

　미리 작성해 보기)

판리사 추천서에 늘어갈 지원자의 교육 활동, 업무 추진 능력, 조직 기여도, 교직원 인화 등도 미리 준비하기

- 기본 주특기 및 다양한 능력 키워 놓기

  한국 문화 관련(태권도, 김치 담그기, 전통 민속놀이, 한국 요리 K-POP 등 능력 키우기)

- 지원서 제출 및 면접 대비 연습, 영어는 상황 면접 대비도 필수

- 최종 합격 후보자가 되면 학교로 현장 실사로 나와 인성, 업무 추진(실적), 근무 태도, 대인관계 검증, 학교장과 면담이 있기 때문에 동료 및 관리자와의 좋은 관계 유지는 필수

- 합격 후 건강보험, 예방접종, 해외계좌, 통신사 이동, 해외 장기 체류 보험, 해외 이사, 자산 정리 등 국내에서 해외 출국 계획도 미리 생각해 놓기, 또한 해당 파견지에서의 계획도 연도별로 아주 자세하게 세워놓기

필리핀 교육의
실상
〈단기 파견〉

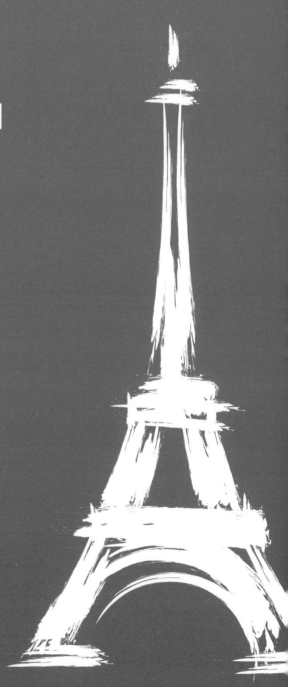

전교생이 만삼천 명이라고?

저는 교육부와 아시아 태평양 국제이해교육원의 협력 사업인 다문화 지원 대상 국가 단기 파견 시험에 선발되어 필리핀 공립 고등학교에 근무하게 되었습니다. 교육부가 다문화 대상 국가 교육 글로벌화 지원 사업을 추진한 이유는 세계화 사회의 변화에 능동적으로 참여하는 역량 있는 인재들을 길러내기 위함입니다. 또한, 교사들의 글로벌 교육 경험과 역량 강화의 기회를 얻기 위해서입니다. 이 두 가지 목적을 위해 유네스코 아시아 태평양 국제이해교육원은 교사 교류 전문 지원기관으로 다문화 대상 국가 교육 글로벌화 지원 사업을 시행해 왔습니다. 저는 바로 이 사업에 파견 교사로 선발이 되었습니다.

제가 근무한 필리핀 학교는 어떤 모습이었을까요? 필리핀 학교의 특징부터 알아봅시다.

먼저 제가 발령받은 곳은 학생 수가 약 만삼천 명 정도 되는 큰 학교였습니다. 반면에 교사는 오백 분 정도 되었습니다. 학생 수가 너무 많아 오전 오후 2부제로 운영되는 곳이었는데, 제가 부여받은 역할은 한국어 및 한국 문화를 학생들에게 가르치는 역할이었습니다. 수업 언어는 영어 였고 학생들은 따갈로그어와 함께 영어도 유창하게 구사했습니다.

그림 59 필리핀에서 영어로 수업하기

필리핀은 보석 같은 섬들이 정말 많은 아름다운 곳입니다. 현지 선생 님들과 함께한 아름다운 동행이 기억에 많이 남습니다. 그들이 베푼 친 절은 정말 따뜻했습니다.

그림 60 학생 수는 만삼천 명

　나라별로 또 학교별로 근무 시간은 천지 차이란 걸 알 수 있었습니다. 학생 수가 너무 많아 2부제 수업으로 학교는 운영되었습니다. 필리핀은 1교시가 아침 7시에 시작되었습니다. 정말 빨리 시작이 되었습니다. 프랑스에서는 8시였습니다. 어찌 됐건 이렇게 거대한 학교에서 근무하면서 교장 선생님이 어떻게 일 처리를 하는지, 선생님들은 또 어떻게 수업을 하는지 관찰할 수 있는 건 파견 교사의 큰 장점이었습니다.

그림 61 필리핀 영어 선생님

처음 학교에 도착했을 때 교장 선생님께서 이미 숙소를 구해놓으셨습니다. 월급에 따라서 본인이 그곳에서 머물러도 되었고, 원한다면 관사가 있는 학교는 관사에서, 또는 본인이 알아봐서 한인 숙소를 얻어도 됩니다. 저 같은 경우는 교장 선생님이 얻어준 아파트에서 살기로 했습니다. 그곳엔 수영장도 있고 바로 앞에 대형 마트도 있어서 살기엔 괜찮았습니다.

하지만 대반전이 있었으니 사실 그 아파트 주인이 제가 근무한 학교 선생님이셨습니다. 문제는 한국 오기 전에 벌어진 사건입니다. 매달 꼬박꼬박 월세를 냈는데, 마지막 달 월세를 낼 때 무리한 관리비를 요구하셨습니다. 말도 안 되는 가격의 관리비를 요구하셨습니다.

어처구니없는 상황이 발생했습니다. 곧 귀국해야 하는 상황인데 이런 일이 발생하니 참 난감했습니다. 심지어 필리핀 아파트에는 동마다 총을 소지한 가드가 있었는데, 그 가드분이 제 방문 앞에 오셔서 "You can't move out." 이렇게 외치셨습니다. 억울한 마음에 결국 교장 선생님께 연락을 드렸고 결국엔 교장 선생님이 일을 해결해주셨습니다. 그 후에야 그 집주인은 죄송하다고 연신 사과를 하셨습니다. 같은 교사가 그렇게 사기를 치려고 했다는 사실이 참 안타까웠던 기억이 생각납니다.

그리고 필리핀에서는 프랑스와는 달리 협력 교사 선생님이 계셨습니다. 외국에서 온 선생님에게 도움을 주시는 역할이었는데 제가 발령받은 교실은 최첨단 ICT 교실이어서 컴퓨터 정보 과목 선생님이 저의 협력 교사였습니다. 협력 교사 선생님의 각종 지원 및 도움 때문에 필리핀 학교 생활 적응이 빨랐습니다. 교장 선생님은 학교 매점을 무료로 이용하라고 말씀해주셨고 모든 선생님들은 친절하게 저를 대해주셨습니다. 그곳엔 정이라는 게 있었습니다. 마지막 귀국할 때는 선물도 주시고 배웅해주셨는데 정말 따뜻했습니다. 따뜻함을 표현하시는 이런 모습에 많이 감사했습니다. 프랑스와는 전혀 다른 모습이었습니다.

해외 파견을 갔을 때 첫 출근, 첫 수업, 설렘과 기대감으로 가득 찼던 그때가 생각이 납니다. 그런데 정말 깜짝 놀라지 않을 수 없었습니다. 필리핀 학교 첫 출근 때 축하 공연만 무려 5개나 있었습니다. 학생들은 이것을 위해 몇 달 전부터 연습한 흔적이 역력했습니다. 애국가를 한국어로 부르는 모습에서 감동했고 K-POP 노래부터 필리핀 전통 공연까지, 심지어 제가 출근했던 날에는 학교에서 가장 큰 행사인 'Wellness'라는걸 했는데 정말 많은 학생들이 모두 같은 안무를 하는 라인댄스를 추는 장면이었습니다.

어마어마했습니다. 37도에 육박하는 무더위 속에서 모든 학생들이 같은 동작으로 춤을 추고 있고, 그렇게 많은 학생들이 질서 있게 움직인다는 게 참 신기했습니다. 학생들은 당시 한국 배우 '이민호'와 K-POP 가수 '엑소' 등에 빠져있었고, 그 인기를 학생들의 학생증 목걸이에 들어있는 한국 가수나 연기자 사진을 통해 확인할 수 있었습니다. 이런 한국인에 대한 호감 때문에 지나갈 때마다 셀피, 셀피라고 외치며 반갑게 맞아주던 필리핀 학생들이 생각이 납니다.

그림 62 애국가를 불러주던 필리핀 학생들

그림 63 필리핀 학생들의 웃음 마법 1

해외 파견을 가면 한국에서는 전혀 느낄 수 없는 새로운 경험과 새로
운 감정을 얻을 수가 있습니다. 가장 감동적이었던 날은 한글날에 한국
어를 가르치는 기분이었습니다. 외국 아이들에게 한글송을 만들어서 함
께 노래 부르며 수업을 하는데 기분이 묘하게 뿌듯했습니다. 학생들은
춤과 노래, 연극을 정말 잘했습니다.

이를 통해 교사란 어떤 상황 속에서도 그 누구에게도 수업할 수 있는 전문성, 수업 방법을 그때마다 자유롭게 선택할 수 있는 자율성, 글로벌 역량이 있어야 함을 다시 한번 느꼈습니다. 상대에 따라 그에 알맞은 수업 기법과 내용으로 학습자에게 다가가야 함을 말입니다.

그림 64 필리핀 학생들의 웃음 마법 2

그림 65 필리핀 학생들의 웃음 마법 3

그림 66 필리핀 학교 한국어 수업

프랑스 학교에는 교무실이 없다

| 2 |

택시 강도를 만나다

필리핀 해외 파견 생활의 고충을 이야기해 보고자 합니다. 필리핀에 처음 도착한 날 일정은 바로 대사관 방문이었습니다. 그곳에서 충격적인 사건 사고들에 대해 많이 들었습니다. 그리고 가장 강조된 건 안전 또 안전이었습니다. 실제로 필리핀에서 여행이 아닌 생활을 해보니 그 위험함이 상상을 초월했습니다.

한번은 학교에 폭탄이 설치되었다는 전화를 받았다는 동료의 연락이 왔고, 모든 선생님들과 학생은 대피했고 경찰들이 출동했습니다. 위험함의 수준이 한국과는 스케일이 달랐습니다. 함께 갔던 동료는 친절을 베풀었던 필리핀 사람을 집에 초대했다가 나중에 친절한 줄로만 알았던 필리핀 분이 강도와 함께 찾아와 돈을 요구해 어려움을 겪은 일도 있었습니다.

저 또한 택시 강도를 4번 만났는데 일단 택시를 타서 미터기를 켜달라고 하면 미터기가 고장 났다고 하는가 하면, 운전을 하다가 기사님이 동료에게 전화를 거는 모습도 보곤 했습니다. 그런 경우, 재빨리 다른 이유를 대고 황급히 택시에서 내려야 했습니다. 또 한번은 문을 잠그고 내려주지 않은 채 계속 돈을 요구해, 돈을 주니 문을 열어준 적도 있었습니다. 이처럼 필리핀은 위험했습니다.

또 일 년에 몇 번씩은 태풍이 왔는데 버스가 물에 잠기는 것을 처음 목격했습니다. 자연의 무서움에 대해서 느낄 수 있었습니다. 크리스마스 준비를 정말 일찍부터 시작하는데, 한여름의 크리스마스, 37도의 크리스마스가 상당히 어색하게 느껴졌습니다. 인간이 살아가는 데 중요한 요소가 안전과 기후라는 것도 다시 한번 느낄 수가 있었습니다.

그림 67 필리핀 무서운 태풍

해외 파견을 갈 때 반드시 고려해야 할 점은 병원입니다. 외국에서 아프면 정말 상상 이상의 고통이 따라옵니다. 그리고 한국의 의료 시스템이 얼마나 좋은지 다시 한번 실감하게 되었습니다. 함께 간 동료들 중 빈대나 각종 질환으로 어려움을 호소하시는 분들이 계셨습니다. 서둘러 중간에 복귀하고 싶어 하시는 분도 계셨습니다. 병원 근처에 사는 것, 그리고 어떻게 의료 시스템이 돌아가고 병원을 이용해야 하는지는 외국에 갈 때 반드시 숙지해야 할 사항이란 것을 다시 한번 깨달았습니다. 특히나 유아나 고령일 경우는 더더욱 각별히 상세히 알아봐야 합니다.

외국에 나가면 역시 언어는 필수, 필리핀의 공용어는 따갈로그어이지만 수업은 영어로 진행이 되었습니다. 언어의 유창함도 중요하지만, 자신감이 더욱 필수입니다. 그리고 세계 만국 공통으로 통하는 것들이 있습니다. 바로 몸짓, 웃음, 연극, 노래, 춤, 악기 연주입니다. 이런 것들은 어디서나 통한다는 사실을 발견할 수 있었습니다. 놀이기법 수업을 잘하시는 분들은 아마도 해외에서 잘 활용할 듯싶습니다.

해외 파견을 나가면 수업을 영어로 해야 하고, 중간 발표 또 최종 발표 등 교육청 발표도 있습니다. 언제나 언어와의 투쟁이었습니다. 하지만 즐거운 투쟁이었고 따갈로그어를 조금이라도 익혀서 말을 걸면 현지인들은 너무 좋아하며 친절하게 대해주었습니다. 마지막 발표 때는 따갈로그어로 일부 노래를 불렀습니다.

저는 한국어를 가르치러 왔지만 그들의 언어와 문화를 수용하는 모습을 보여주면 그들도 더 마음을 열어준다는 것을 확실히 느낄 수 있었습니다. 그리고 필리핀은 일반 미국식 영어가 아닌 독특한 필리핀식 발음을 하기에 주의를 해야 했습니다.

그림 68 음악과 춤을 좋아하는 필리핀 학생들

해외 파견 교사 생활 중 가장 힘든 것 중 하나는 음식이었습니다. 망고 주스는 정말 맛있었고 한인 음식점도 괜찮았지만, 거리가 떨어져 있었고 가격도 비쌌습니다. 삶에서 먹는 것이 얼마나 중요한 것인지 깨달은 순간입니다. 매점을 무료로 이용하라는 교장 선생님의 말씀도 있었지만 그 친절함에도 불구하고 현지 음식을 먹으면 먹은 것 같지 않은 텁텁함이 있었습니다. 한국으로 복귀 후, 다시 급식을 먹는데 너무나도 맛있고 소중하고 감사하단 느낌이 들었습니다.

해외를 가면 이렇게 그동안 익숙해져 몰랐던 소중함을 찾게 됩니다. 행복은 가까이에 있다는 것도 깨닫게 되었습니다. 일상의 소중함을 알게 된 것입니다.

그림 69 필리핀 학교 매점

여행할 때는 전혀 몰랐던 부분이 실제 공립 고등학교 화장실이었습니다. 일단 이런 식이었는데요. 유일하게 교장실에 수세식 변기가 있었습니다. 그런데 변기 뚜껑이 없었습니다. 화장실 등 위생에 민감하신 분에게는 이러한 부분이 힘들 수도 있겠다 싶었습니다.

그림 70 필리핀 학교 화장실

생활에서 중요한 것 중 하나가 바로 교통입니다. 필리핀의 교통은 그 야말로 최악이었습니다. 매일매일 명절과도 같은 교통 마비, 지프니라고 하는 필리핀의 교통수단과 질서가 없는 교통 문화 때문에 정말 힘들었던 기억이 있습니다. 세상 어느 나라든 완벽한 나라는 없겠습니다. 문화를 포용하고 이해하려면 이러한 필리핀의 힘든 점도 받아들일 수 있어야 한 다는 생각을 해봤습니다.

그림 71 필리핀의 교통 체증

다양한 경험을 하고, 각종 위기와 고난 시련을 경험해본 사람들, 다양한 상황 속에 처해 본 사람들은 어떠한 상황이 와도 유연하게 잘 대처할 것이고, 반면 처음 경험하는 것들에 대해 받아들일 준비가 되지 않은 사람들은 정신적으로 육체적으로 많이 힘들 수 있습니다.

세계시민이 되기 위해서, 글로벌 교사가 되기 위해서, 다양한 나라의 특수성을 이해하고 나아가 이를 그 나라의 고유한 문화로 자연스럽게 받아들여야 합니다. 또한, 어떻게 교수 학습을 해야 학생들과 즐겁게 핑퐁 핑퐁 수업할 수 있을까 고민하고 또 고민해 봐야 한다는 생각을 해봤습니다. 그들이 어떤 삶을 살아가는지 직접 경험해야지만, 다문화 학생들을 국가에 맞게, 특성별로 맞춤형 진로 교육을 해나갈 수 있겠다는 생각을 했습니다.

▎3▎

교복을 입는 필리핀 선생님

　해외 파견 생활을 하면 평상시 하지 못했던 다양한 경험을 하게 되고, 많은 것을 배우게 됩니다. 필리핀에서 배웠던 점은 무엇일까요? 필리핀에 살면서 제가 관심 있었던 부분은 경제 수준과 행복지수의 관계였습니다. 항상 웃고 다니는 필리핀 사람들을 봤을 때, 필리핀에서 믿음에 관해 다시 한번 생각해 보게 되었습니다. 종교의 힘, 삶을 지탱하는 신념, 공항에서도, 마트에서도, 게다가 수업 시작 전에도 학생들은 기도로 수업을 시작했고, 또 수업을 마칠 때도 기도를 했습니다.

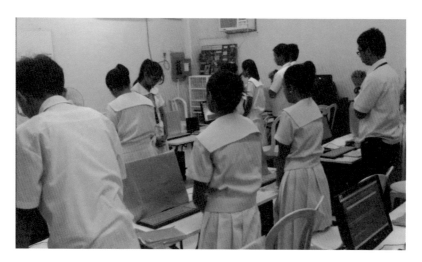

그림 72 기도로 시작하는 필리핀 학교 수업

카톨릭이 대부분인 필리핀 사람들은 장소를 불문하고 기도를 드립니다. 그 모습에 많은 걸 느끼게 되었습니다. 내가 믿고 있는 것은 무엇인가? 보이는 것과 보이지 않는 것에 대한 힘에 대해 여러 가지 생각을 해보게 되었습니다.

그림 73 언제나 웃음을 잃지 않는 필리핀 학생들

　필리핀의 경우에는 모든 교실, 교무실, 교육청 모든 곳에 'Keep smiling'이란 문구가 적혀 있었습니다. 문구만 적혀 있는 게 아니라 정말 모든 사람들이 웃으면서 다니는 게 너무나도 신기했습니다. 유머를 던지는 사람들, 삶에서 웃음이 언제나 함께한 그들이었습니다. 웃음의 마법에 대해서도 다시 한번 생각해 보게 되었습니다.

그림 74 모든 교실과 문 앞에 붙어 있던 웃음의 마법

그림 75 필리핀 학교 기자단 학생들

그림 76 한국어를 배우는 필리핀 학생들

필리핀에서는 선생님들이 교복을 입습니다. 이게 처음에 참으로 신기했습니다. 색깔도 원색이어서 눈에 확 들어옵니다. 그럼 길거리에서도 누구든지 옷을 보고 선생님이란 직업을 알 수 있었습니다. 마치 학생 때로 돌아가 모두가 똑같은 교복을 입고 있는 선생님들을 보니 학생들의 입장에 대해 다시 한번 생각해 볼 수 있었습니다.

그림 77 교복을 입는 선생님들

그림 78 교복을 입는 필리핀 선생님들 2

　전 대학 때부터 연극에 관심이 많아 연극을 두 번 올렸습니다. 영화 촬영에도 관심이 많아 국제 영화제 자원봉사도 하고 영화 보조 출연도 여러 번 했었습니다. 교사가 된 후에도 연극협회 연수도 듣고 워크숍도 참여해 봤습니다. 가장 하고 싶었던 수업 형태이기도 했습니다. 그런데 필리핀에 와보니 대부분 선생님들이 연극 식으로 수업을 하고 있었습니다. 수업 시작할 때부터 춤과 노래를 하면서 역할 놀이를 하는 등 배울 점이 너무 많았습니다. 춤, 노래, 스피치 수업, 그리고 농구 사랑, 치어리딩 문화까지, 필리핀에서의 연극 수업에 완전 빠져들 수밖에 없었습니다.

　필리핀의 가장 놀랐던 교육 시스템 중 하나는 바로 '마페티쳐'였습니다. 음악, 미술, 체육을 각각의 선생님이 아닌 한 분이 지도하시더군요.

이게 참으로 놀라웠습니다. 그리고 선생님들을 선생님 1, 선생님 2, 선생님 3, 헤드 티쳐, 마스터 티쳐, 이런 식으로 나누는 구조도 신기했습니다. 또 당시 체험학습을 한 번 따라갔는데, 모든 체험학습을 여행사가 진행하고 교사가 마지막에 그 여행사를 평가하는 곳에 체크하는 모습도 인상적이었습니다. 체험학습을 전문 업체가 담당하고 있었습니다.

그리고 가장 놀랐던 점 중 하나, 교장 선생님 생일 축하 파티가 있었습니다. 선생님들은 교장 선생님 생일 파티 축하 공연을 준비했습니다. 그런데 이 모든 게 자발적으로 이루어지는 느낌으로, 원해서 하는 즐거운 축하 파티 연습이 계속되었습니다. 저 또한 함께 춤을 연습하며 공연을 준비했습니다. 현지 체육 선생님과 합동 공연을 했습니다.

그림 79 교장 선생님 생일 파티 준비 – 보건실에서 춤 연습

일터가 숙제처럼 있는 곳이 아닌 축제의 현장이었습니다

심지어 교장 선생님은 생일 당일 날, 댄스 파트너를 데려오셨고 모든 선생님들은 마치 클럽처럼 학교 안에서 춤을 추었습니다. 보건실에서도, 교장실 옆에서도 함께 춤 연습을 했습니다.

선생님들이 자원해서 교장 선생님 생일 파티를 준비하다니, 존경받는 리더의 모습을 볼 수 있었습니다.

그림 80 존경받는 교장 선생님

유쾌함을 가지고 따뜻한 마음으로, 또 강력한 카리스마로 학교를 이끌어가시는 교장 선생님. 심지어 학생 수만 삼천 명에 교사가 오백 명인데 이 모든 사람을 이끌고 리드하시며 또 존경을 받는다는 게 참으로 대단하게 느껴졌습니다.

그분은 제가 겪어본 리더 중 가장 멋있었던 리더였습니다. 유머가 있는 리더, 문제 해결력 또한 확실하신 교장 선생님. 그리고 근무 첫날, 학생들이 쉬는 시간에 공중제비를 돌고 있는데 아무렇지 않게 휙휙 도는 모습도 참으로 신기했습니다. 치어리딩 문화가 학교 안에 자리잡혀 있는 모습을 확인할 수 있었습니다.

그림 81 교장 선생님 생일 파티

그림 82 필리핀 점심 시간 - 공중제비 도는 학생

　해외 파견 교사를 가면 아무래도 다양한 경험을 통해 많은 것을 느끼고 생각할 수 있는 시간들이 주어집니다. 그런 것들을 배우면서 한국으로 돌아와 어떻게 적용시킬까도 고민해 보고 어떠한 교육이 더 아이들에게 교사에게 유의미할까도 연구해 봅니다. 나라 간 학생들 특성도 다르고 문화도 다르기에, 이전까지 하지 못했던 생각의 터널들이 마구마구 생겨납니다. 다른 세계를 만나는 것은 때론 위험하기도, 두렵기도 하지만 설렘을, 일상의 새로운 깨달음을 선물해 줍니다.

필리핀에서 일이 아닌 삶을 즐기는 사람들의 모습을 봤습니다. 그리고 그 기반에는 믿음과 음악과 춤 등 다양한 표현력, 표현하는 즐거움, 그리고 긍정적인 삶의 자세가 있다는 걸 배울 수 있었습니다. 그리고 세상에는 국경을 초월하여 정말 멋진 선생님들이 많다는 것도 알게 되었습니다. 또한 학생들은 국적은 다르지만, 그 나이대가 가지는 공통의 특징도 국경을 초월하여 발견할 수 있었습니다. 필리핀을 한마디로 정리하면 뭐라고 할 수 있을까요?

바로 Keep Smiling

그림 83 웃음을 잃지 않는 필리핀 학생들

해외 파견 교사를 하며 깨달은 것은?

삶의 주인으로 내가 그리는 삶의 지도

여러 인종들이 모여서 함께 수업을 받고 토론하며 어울리는 모습을 보니 그동안 단일민족을 강조하고, 또 '나이' 문화가 강한 한국의 문화에 대해서도 다시 한번 생각해 보는 계기가 되었습니다. 또한, 한국 학생들이 글로벌 인재로 나아가기 위해선 문화 다양성을 어릴 때부터 습득하고 다문화 감수성을 익혀 자연스럽게 다문화 사회로 진입하는 과정이 필요하겠다는 생각을 했습니다.

인종으로 만나는 것이 아닌 국경을 허물고 인격체 대 인격체로 동등하게 만나고 있는 해외 학생들을 보게 되었습니다. 이를 통해 어떻게 하면 미래 사회에 꼭 필요한 글로벌 인재로 성장할 수 있을까 고민해 봤던 계기가 되었습니다.

너불어 어릴 직부터 주체적으로 살아가는 프랑스 아이들을 보며 자기 삶의 리더가 되어 능동적으로 살아가는 삶의 태도에 대해 성찰할 수 있었습니다.

해외 파견 교사를 하면서 얻은 가장 큰 변화는 무엇일까요? 이전까지는 한국 안에서만 생각했던 꿈의 크기가 저 스스로 커졌음을 느낍니다. 학생들에게도 글로벌 인재를 강조하게 됩니다. 이제 더 이상 학생들의 꿈은 국내로 한정되는 게 아니라 글로벌한 전 세계 시장을 향해 나아가야 합니다.

세계는 나의 즐거운 놀이터

다문화에 대한 국민들의 인식 전환, 바로 우리나라의 미래를 위해서 필요합니다. 그리고 자라나는 학생들이 세계시민으로 발돋움할 수 있도록, 유아부터 시작하는 다문화 교육, 세계 시민교육이 더욱 강화되어야 합니다.

글로벌 인재에게 필요한 역량은 무엇일까요? 다양성을 측정하는 게이지 수의 그래프를 보면 다문화 구성원이 많은 도시일수록 창의성과 다양성 지수가 높게 나타나는 것을 확인할 수 있습니다. 수렴적 사고가 아닌 확산적 사고를 하고 학교, 마을, 기업, 국가가 연결되는 교육이 이루어져야 더 나은 미래를 희망할 수 있습니다.

다름은 틀림이 아니다

꿈꾸고 달리며 배우는 꿈런쌤의 조매꾸와 지덕체로

모든 경계에는 꽃이 핀다는 함민복 시인의 시집 제목처럼 모든 세계는 연결되어 있음을 강하게 느낍니다. 해외 파견 교사 생활을 하면서 직접 겪었던 학교의 생활들, 또 파견 교사 서류 준비부터 면접준비까지, 이 모든 것을 어떻게 해야 하는지 누군가에게 조금이라도 도움이 되는 책을 쓰고 싶었습니다.

파견 교사 생활을 통해 하고 싶은 일에 열정을 다하면서 그것을 해내는 과정 안에서 보람을 찾는 게 얼마나 멋있는 일인지 알게 되었습니다. 누가 시키지 않아도 스스로 하는 일, 자기 주도적 인생 설계는 어릴 때부터 시작되어야 합니다.

자기 삶의 리더가 되어 선택해 보는 연습하기

그리고 단기간의 입시 교육이 아닌 평생 지덕체를 갖춘 한 인간으로 성장하는 데 반드시 필요한 교육을 하는 것. 평생 교육의 뿌리, 평생 교육의 기초부터 잘 닦아놓아야 한다는 생각을 했습니다.

건강한 신체, 건강한 마음의 조화 지덕체로

오늘날 학교 교육의 목표는 무엇일까요? 미래 글로벌 인재 양성은 어떻게 해야 할까요?

세계는 점점 좁혀지고 있습니다. 교사부터 다양한 글로벌 역량 강화 프로그램을 받고 견문을 넓히고 인식의 틀을 전환시키고 큰 세상을 직접 경험할 필요가 있음을 느낍니다. 그런 기회와 제도가 뒷받침되어야 합니다.

해외 학교에 근무하면서 오히려 한국 학교를 더 잘 알게 되었고 저 자신을 발견하는 시간을 갖게 되었습니다. 그리고 다른 나라의 문화를 온전히, 또 생생히 부대끼면서 느끼며 그들의 삶과 함께할 수 있었습니다. 일상의 철학에 대해 처음으로 생각해 봤던 소중한 시간들이었습니다.

철학으로 하루 걷기

그리고 해외 파견 교사로 나가면서 대한민국 선생님들이 얼마나 유능한지도 다시 한번 깨닫게 되었습니다. 멀티플레이어로 정말 다양한 능력을 지금 이 순간에도 학생들에게 쏟아부으며 헌신하는 선생님들. 해외 파견 교사에 도전해서 다양한 경험을 하고 그 경험을 학생들과 학부모님에게 널리 알렸으면 합니다.

때론 가지 않은 길이 두려울 수 있지만, 저에게 그 길은 엄청난 설렘으로 다가옵니다. 조금씩 매일 꾸준히(조매꾸), 길을 걷다 걷다 보면 어느새 그토록 원했던 꿈에 닿아 있는 자신도 발견하게 됩니다.

한국으로 돌아와서 필리핀과 프랑스에서 느꼈던 것들을 실천하고 있습니다. 꿈꾸고 달리며 배우는 꿈런쌤의 다음 책에서 그 이야기들을 펼치고 싶습니다.

조매꾸 미라클 모닝, 조매꾸 운동 인증방을 운영하며 삶 안에서 조매꾸한 삶의 하루하루를 켜켜이 쌓아 나아가고 있습니다. 조매꾸 모임에 들어오고 싶은 분은 언제든 연락 주시면 감사합니다.

이외에도 저는 교육 생산자로 활동하며 재능 나눔 릴레이를 실천하고 있습니다. 자녀의 경험을 무한대로 가져갈 수 있는, 또 아빠들이 자녀의 교육 이야기를 자연스럽게 할 수 있는 지역 아빠 모임을 설립했습니다. 또 선생님들과 기업가들의 협업 모임인 진로 모임을 설립했으며, 러닝 크루를 운영하며 좋아하는 일, 가치 있다고 생각하는 일들을 꾸준히 이어나가고 있습니다.

지금 이 책을 읽으신 분들께 다시 한번 감사드리며 조매꾸 정신으로 초빙이든, 파견이든 그 어떤 일이든, 조금씩 매일 꾸준히 도전해 보시길 추천합니다. 저는 남들에 비해 뛰어난 점 하나 없지만 그저 매일 조매꾸 했고 지금도 마찬가지입니다.

지금까지 꿈꾸고 달리며 배우는 조매꾸 꿈런쌤의 이야기였습니다.

조매꾸 - 조금씩 매일 꾸준히
지덕체로 - 건강한 신체, 건강한 마음의 조화

그림 84 어린왕자

그림 85 꿈을 찾아서